千挑万选

甄别核校

历时三年

……

最终呈现!

图鉴

俄联邦军事力量标识

逯 杰　汤红飞 ◎ 编著

电子工业出版社
Publishing House of Electronics Industry
北京·BEIJING

内 容 简 介

本书聚焦俄联邦军事文化的重要纮成元素——军事纹章标识，通过互联网等公开渠道，收集了大量代表性标识，并按照类别进行了梳理和系统排列，力求从文化和标识元素含义的角度为读者展现另一个侧面的俄联邦军事力量。

此外，为使全书具有较多的信息量和更高的可读性，本书对部分标识的发展历史进行了简要介绍，使读者在阅览纹章标识的同时，能够初步了解它们的发展历史。

本书适合对俄罗斯文化、军事文化、军事历史等感兴趣的军事爱好者阅读。

未经许可，不得以任何方式复制或抄袭本书之部分或全部内容。
版权所有，侵权必究。

图书在版编目（CIP）数据

俄联邦军事力量标识图鉴 / 逯杰，汤红飞编著.
北京：电子工业出版社，2025.3. -- ISBN 978-7-121-49724-7

Ⅰ. E512.5-64
中国国家版本馆 CIP 数据核字第 20258QY530 号

责任编辑：刘小琳　　　　　特约编辑：李　莹
印　　刷：北京启航东方印刷有限公司
装　　订：北京启航东方印刷有限公司
出版发行：电子工业出版社
　　　　　北京市海淀区万寿路 173 信箱　　邮编：100036
开　　本：787×1 092　1/16　印张：23　字数：546 千字
版　　次：2025 年 3 月第 1 版
印　　次：2025 年 3 月第 1 次印刷
定　　价：298.00 元

凡所购买电子工业出版社图书有缺损问题，请向购买书店调换。若书店售缺，请与本社发行部联系，联系及邮购电话：（010）88254888，88258888。
质量投诉请发邮件至 zlts@phei.com.cn，盗版侵权举报请发邮件至 dbqq@phei.com.cn。
本书咨询联系方式：liuxl@phei.com.cn，（010）88254538。

写在前面的话

2021年，我以美军部队的徽章和标识为题材，整理出版了《美军部队标识图鉴》一书，为读者朋友们展现了美军各军兵种部队的标识文化，得到了广大读者的支持与喜爱。2022年，俄乌冲突爆发，官方媒体和自媒体持续跟进事态进展。当我看到一些视频中的画面时发现，那些身着正装的俄罗斯军人在制服上佩戴有一些标识。我随之就想，能不能像介绍美军部队标识文化一样，做一本关于俄罗斯武装力量标识的图鉴呢？在与我的同事汤红飞老师商量后，我们决定一起来尝试完成这项工作。虽然我们预计这项工作难度较大，可能面临的困难较多，但是没想到难度这么大，困难这样多，有时几个月时间都难以找到头绪，毫无进展，就这样我们断断续续地干了两年多的时间，才完成这本书。

首先，我们面临的第一个难题和疑问是，能不能找到类似《美军部队标识图鉴》那么多的俄罗斯武装力量的标识？本着试试看的心态，我们通过合法、合规的网络搜索引擎，漫无目的地搜索着与俄罗斯武装力量相关的各种标识。"不搜不知道，一搜吓一跳"，原来收集、收藏俄罗斯武装力量的徽章和标识不仅是俄罗斯军事发烧友的一项爱好和"风气"，而且有专门的网站和论坛在展示、出售、交换俄罗斯武装力量的各个时期的徽章和标识。有些论坛的帖子和话题时间跨度很大，而且非常活跃，有的发烧友至今还在不断贡献内容。这就成为我们收集标识的一个重要的来源。此外，从网络上查到的消息可以看出，俄军服装上的标识和徽章都是由不同的民间制造商制作的，这些供应商在互联网上展示自己生产的各种刺绣或者胶质产品和旗帜，这也成为我们收集标识的第二个重要的来源。此外，俄罗斯武装部队在举行集体活动时会展示单位的旗帜，军队营区也经常会悬挂代表本单位的特色徽章，这也为我们的收集活动带来很大的帮助。

其次，如何识别这些标识？数量庞大的标识样本使我们陷入了很长时间的困惑，这些标识有些图案相同，形制不同；有些形制不同，图案却相似。到底哪些是对的？哪些是错的？庆幸的是，我们从俄罗斯国防部官方网站上发现，俄罗斯国防部下属有一个纹章局，专门负责俄罗斯各军兵种标识的设计与管理，并且该局以彩色文件的形式将俄军总部机关和各军兵种标识的样例公开发布了出来。我们如获至宝，在请懂俄语的同事和朋友进行简单翻译后，我们基本了解了俄罗斯武装力量总部机关和各军兵种标识的样式和规则。这极大地提升了我们甄别、选定标识的速度。多说一句，相较美军标识的多元化、开放性、活泼性而言，俄军标识的规范性、传承性和文化性更强。

再次，如何将标识与部队单位对应的问题？由于我们对俄语一窍不通，仅仅靠着简单的翻译软件对俄罗斯军事发烧友在论坛上的留言进行汉化，基本能够确定标识对应的单位。但是，也有一些标识在论坛里引起了俄罗斯网友很大的争论，我们更是不明就里，无法判断对错。随着研究的深入，我们摸到了一点规则门道，开始对标识有自己的判断结论，逐步将收集掌握的标识与单位一一对应起来。

最后，就是如何向读者展现的问题。经过讨论，我们决定在标识涉及的范围上，将俄罗斯所有具备军事能力的力量的标识都呈现给读者。因而将国民近卫军、边防部队和其他强力部门的标识都纳入本书，形成了最终的《俄联邦军事力量标识图鉴》。在标识的处理与展现上，由于我们收集的标识图片格式五花八门，有实物照片，有厂商制作的刺绣臂章，还有一些发烧友根据实物绘制的像素图。如果不加处理直接放入书中，就会显得比较凌乱，书籍排版也不美观。因此，我们对纳入本书的标识进行了标准化处理，这也使书中部分图片看起来有些生硬和拼凑的痕迹，还望读者能够谅解。在标识的编排上，我们汲取《美军部队标识图鉴》一书读者的意见反馈，增加了标识的信息含量，在排列上体现了各单位之间的上下级关系，对一些单位的历史进行了简要的介绍。在附录中，我们增加了俄罗斯联邦区划的标识及简介，帮助读者理解俄罗斯联邦军事力量标识设计是如何融入地理位置因素的。

在这两年多的编写时间里，我们得到了很多同事和朋友的支持，没有他们的帮助，这本书很难成形。对于他们为本书所做出的贡献，我们表示真挚的感谢！为了避免挂一漏万，在这里就不单独致谢了。需要说明的是，由于我们的水平和能力有限，掌握的各类资料都来源于互联网开源渠道，书中难免存在谬误和疏漏，这都是我们作者的责任，还望各位读者批评指正。同时，希望这本书能够给大家展现一个不同视角下的俄罗斯军事文化。

编者

2024 年 12 月

目 录

概述 ·· 1
  一 俄罗斯帝国时期 ··· 1
  二 苏维埃社会主义共和国联盟时期 ··· 4
  三 俄罗斯联邦共和国时期 ·· 7

第一部分 俄联邦武装力量标识 ·· 16
  一 中央军事管理机构 ··· 17
      国防部领导旗帜和徽章 ··· 18
      国防部 ·· 20
      国防部总参谋部 ·· 30
      国防部其他机构 ·· 33
      武装力量各军兵种旗帜和徽章 ··· 35
      武装力量各专业兵种和徽章 ··· 36
  二 军区 ··· 39
      "新面貌"改革之前的军区 ··· 39
      "新面貌"改革之后的军区 ··· 40
      新调整之后的军区 ··· 45
  三 陆军 ··· 52
      东部军区陆军 ··· 52
      西部军区陆军 ··· 63
      南部军区陆军 ··· 77
      中部军区陆军 ··· 91
  四 海军 ··· 102
      北方舰队 ··· 104
      太平洋舰队 ··· 109
      黑海舰队 ··· 113

波罗的海舰队⋯⋯⋯⋯⋯⋯⋯⋯⋯⋯⋯⋯⋯⋯⋯⋯⋯⋯⋯⋯⋯⋯⋯⋯ 119

里海区舰队⋯⋯⋯⋯⋯⋯⋯⋯⋯⋯⋯⋯⋯⋯⋯⋯⋯⋯⋯⋯⋯⋯⋯⋯⋯ 124

其他海军单位⋯⋯⋯⋯⋯⋯⋯⋯⋯⋯⋯⋯⋯⋯⋯⋯⋯⋯⋯⋯⋯⋯⋯ 126

部分舰艇⋯⋯⋯⋯⋯⋯⋯⋯⋯⋯⋯⋯⋯⋯⋯⋯⋯⋯⋯⋯⋯⋯⋯⋯⋯ 127

五 空天军⋯⋯⋯⋯⋯⋯⋯⋯⋯⋯⋯⋯⋯⋯⋯⋯⋯⋯⋯⋯⋯⋯⋯⋯⋯ 130

第 4 空防集团军⋯⋯⋯⋯⋯⋯⋯⋯⋯⋯⋯⋯⋯⋯⋯⋯⋯⋯⋯⋯⋯ 131

第 6 空防集团军⋯⋯⋯⋯⋯⋯⋯⋯⋯⋯⋯⋯⋯⋯⋯⋯⋯⋯⋯⋯⋯ 135

第 11 空防集团军⋯⋯⋯⋯⋯⋯⋯⋯⋯⋯⋯⋯⋯⋯⋯⋯⋯⋯⋯⋯⋯ 138

第 14 空防集团军⋯⋯⋯⋯⋯⋯⋯⋯⋯⋯⋯⋯⋯⋯⋯⋯⋯⋯⋯⋯⋯ 142

第 45 空防集团军⋯⋯⋯⋯⋯⋯⋯⋯⋯⋯⋯⋯⋯⋯⋯⋯⋯⋯⋯⋯⋯ 145

第 1 防空反导集团军⋯⋯⋯⋯⋯⋯⋯⋯⋯⋯⋯⋯⋯⋯⋯⋯⋯⋯⋯⋯ 147

第 15 特种空天集团军⋯⋯⋯⋯⋯⋯⋯⋯⋯⋯⋯⋯⋯⋯⋯⋯⋯⋯⋯ 150

第 37 远程航空兵战略集团军⋯⋯⋯⋯⋯⋯⋯⋯⋯⋯⋯⋯⋯⋯⋯⋯ 154

第 61 军事运输航空兵战略集团军⋯⋯⋯⋯⋯⋯⋯⋯⋯⋯⋯⋯⋯⋯ 156

空天军直属单位⋯⋯⋯⋯⋯⋯⋯⋯⋯⋯⋯⋯⋯⋯⋯⋯⋯⋯⋯⋯⋯ 158

六 空降兵⋯⋯⋯⋯⋯⋯⋯⋯⋯⋯⋯⋯⋯⋯⋯⋯⋯⋯⋯⋯⋯⋯⋯⋯⋯ 166

空降兵直属单位和部队⋯⋯⋯⋯⋯⋯⋯⋯⋯⋯⋯⋯⋯⋯⋯⋯⋯⋯ 166

空降兵师（旅）⋯⋯⋯⋯⋯⋯⋯⋯⋯⋯⋯⋯⋯⋯⋯⋯⋯⋯⋯⋯⋯ 167

七 战略火箭兵⋯⋯⋯⋯⋯⋯⋯⋯⋯⋯⋯⋯⋯⋯⋯⋯⋯⋯⋯⋯⋯⋯⋯ 178

第 27 近卫导弹集团军⋯⋯⋯⋯⋯⋯⋯⋯⋯⋯⋯⋯⋯⋯⋯⋯⋯⋯⋯ 178

第 31 近卫导弹集团军⋯⋯⋯⋯⋯⋯⋯⋯⋯⋯⋯⋯⋯⋯⋯⋯⋯⋯⋯ 183

第 33 近卫导弹集团军⋯⋯⋯⋯⋯⋯⋯⋯⋯⋯⋯⋯⋯⋯⋯⋯⋯⋯⋯ 187

直属单位⋯⋯⋯⋯⋯⋯⋯⋯⋯⋯⋯⋯⋯⋯⋯⋯⋯⋯⋯⋯⋯⋯⋯⋯ 191

八 核武器存储与技术部队⋯⋯⋯⋯⋯⋯⋯⋯⋯⋯⋯⋯⋯⋯⋯⋯⋯⋯ 194

核武器存储库⋯⋯⋯⋯⋯⋯⋯⋯⋯⋯⋯⋯⋯⋯⋯⋯⋯⋯⋯⋯⋯⋯ 195

维修与技术保障基地⋯⋯⋯⋯⋯⋯⋯⋯⋯⋯⋯⋯⋯⋯⋯⋯⋯⋯⋯ 196

战略火箭兵核技术保障与维修基地⋯⋯⋯⋯⋯⋯⋯⋯⋯⋯⋯⋯⋯ 198

海军核技术保障与维修基地⋯⋯⋯⋯⋯⋯⋯⋯⋯⋯⋯⋯⋯⋯⋯⋯ 200

空天军核技术保障与维修基地⋯⋯⋯⋯⋯⋯⋯⋯⋯⋯⋯⋯⋯⋯⋯ 201

九 军事院校⋯⋯⋯⋯⋯⋯⋯⋯⋯⋯⋯⋯⋯⋯⋯⋯⋯⋯⋯⋯⋯⋯⋯⋯ 204

国防部及总参谋部院校⋯⋯⋯⋯⋯⋯⋯⋯⋯⋯⋯⋯⋯⋯⋯⋯⋯⋯ 204

军兵种院校⋯⋯⋯⋯⋯⋯⋯⋯⋯⋯⋯⋯⋯⋯⋯⋯⋯⋯⋯⋯⋯⋯⋯ 207

少年军校⋯⋯⋯⋯⋯⋯⋯⋯⋯⋯⋯⋯⋯⋯⋯⋯⋯⋯⋯⋯⋯⋯⋯⋯ 214

曾经建立的院校⋯⋯⋯⋯⋯⋯⋯⋯⋯⋯⋯⋯⋯⋯⋯⋯⋯⋯⋯⋯⋯ 217

目录

第二部分　俄联邦国民近卫军 　222
- 一　俄联邦国民近卫军司令部机构 　224
- 二　"捷尔任斯基"独立特种作战师 　227
- 三　东部地区国民近卫军 　229
- 四　西伯利亚地区国民近卫军 　232
- 五　乌拉尔地区国民近卫军 　236
- 六　伏尔加地区国民近卫军 　239
- 七　北高加索地区国民近卫军 　243
- 八　中央地区国民近卫军 　248
- 九　西北地区国民近卫军 　252
- 十　南部地区国民近卫军 　255
- 十一　院校及科研机构 　259

第三部分　俄联邦边防部队 　262
- 一　边防部队领导与指挥机构 　266
- 二　边防部队陆上部队 　268
- 三　边防部队海上部队 　273
- 四　边防部队航空部队 　275
- 五　边防站 　277
- 六　通信部队 　279
- 七　工程部队 　280
- 八　医疗保障单位 　281
- 九　训练教育单位 　282

第四部分　俄联邦其他军事力量 　286
- 一　俄联邦内务部 　286
  - 中央机关 　287
  - 地区机关 　290
  - 内务部部队 　299
  - 院校和研究机构 　312
- 二　俄联邦紧急情况部 　314
  - 紧急情况部直属单位 　315
  - 区域紧急情况中心 　318
  - 地区紧急情况总局 　319
  - 地区消防培训中心 　326

三　俄联邦安全总局 · 328
中央机关 · 328
地区安全机关 · 329
四　俄联邦警卫局 · 333
五　俄联邦对外情报局 · 334

附录　俄联邦地方纹章 · 335
联邦直辖市 · 335
自治共和国 · 336
边疆区 · 340
州和自治州 · 341
民族自治区 · 350
主要城市 · 351

概　述

　　自古以来，各种类型的象征性标识被用来区分不同的人群，最开始主要运用于军事领域，用不同的象征和标识来显示他们的功绩和荣誉。这些标识或是被刻在戒指上，或是被印在盾牌、头盔和旗帜，以及其他军事装备上。为了区分不同的人群，西欧自 11 世纪以来，已经建立了一个特殊的标识系统——纹章系统，纹章最初反映的是其所有者的个人品质。

一　俄罗斯帝国时期

　　在东斯拉夫地区，情况与西欧有所不同。当相邻的地主在面对危险时，他们会聚集在一面共同的旗帜下。因此，最古老的俄罗斯徽章的基础元素是象征着土地和城市的公共"大教堂"。在俄罗斯历史上的王侯和大公时期，基督教的符号在旗帜的图案中占主导地位，主要包含十字架、主、圣母、天使米迦勒等元素（图 1）。旗帜发挥聚集士兵的作用，士兵在旗帜的引领下战斗，竖起旗帜意味着为战斗做好准备。在沙皇时期，统治者开始对代表沙皇的大旗帜感到不太满意，进而开始进行改革。在米哈伊尔·费奥多罗维奇统治时期，俄罗斯雇佣的外国军队也有他们自己的旗帜，这种旗帜根据西方纹章规则设计，与宗教无关。俄罗斯沙皇借鉴了外国军队纹章设计的规则，17 世纪下半叶，俄罗斯旗帜上出现了双头鹰形象。1665 年 10 月 13 日，根据沙皇阿列克谢·米哈伊洛维奇的法令，设计了君主的"纹章旗帜"，旗帜上描绘了一只双头鹰和"纹章上的十四种图案"（图 2）。

图 1

图 2

随着正规军的建立，彼得一世从根本上改变了旗帜的外观，在近卫军的旗帜上，团旗的中间绘制了一只双头鹰（图3）。军队的旗帜中加上了彼得的组合字，各种寓意图像开始用于连队旗帜。但1712年以后，军团的称号大多以所在的省和城市命名，这些省和城市的纹章同时也是军团的纹章（图4）。1722年，彼得一世首次正式设立了"纹章官"的职位，其职责包括创建纹章管理机构并设计纹章。1722年2月16日，在彼得一世的第一份手稿《纹章官规章制度》中特别指出："由于'纹章'是一个新的基础性的事物，因此应该……一切设计都要实事求是……。"1724年11月22日，彼得一世临去世前建立了在团旗上使用

图 3

图 4

概　述

纹章的制度:"有纹章的团队,继续使用原有纹章;没有纹章的团队,则应该设计新的纹章。"将团徽作为官方军事标识的做法一直持续到19世纪末(图5)。

图5

彼得大帝希望把军团标识放在旗帜上,这不仅象征着军事上的统一,而且加强了军团与驻地之间的联系,大大推动了俄罗斯国内地区和城市纹章的设计与运用。彼得大帝的继任者继续推行了他的做法,从1727年开始,俄罗斯国内地区和城市纹章的相关事宜由军事委员会统筹负责。

保罗一世时期,团旗被赋予了最高军事象征意义,确立了团旗与军团的"不可分割性",军团根据特殊的敕令被授予团旗,成员须在旗帜下宣誓。对于大多数俄罗斯沙皇来说,规范军队纹章不仅是国家政策的一部分,同时也是个人爱好,所有军事纹章的创新设计(从纹章的基本范式到改变某个军团纽扣的颜色)都是通过沙皇的法令或其他书面命令来确立的。

与旗帜相比,作为军队官方符号之一的团徽存在时间相对较短(1775年出现),并体现在旗帜、头盔、制服上。团徽在旗帜上的设计一直持续到1796年。此后,团徽和军团旗帜共同列为主要官方符号,成为俄罗斯帝国军队的历史传承。在20世纪初,团徽通过官方正式授予的方式,与军旗和战斗旗帜(战旗)并列成为军队的象征。自保罗一世去世后,团徽作为官方象征的纹章,保留了其所具有的象征性标识的传统意义,反映其所属具体军事单位的标识。除极少数特例,军团的纹章不再出现在旗帜或制服上。修改后的纹章佩戴方式比较自由,既可以以徽章的形式别在胸前(图6),也可放在制服的纽扣上。总体上,俄罗斯帝国军队为超过600个军事单位设置了团章(胸章)的标识,其中140个是军事教育机构。自1871年以来,军衔的肩饰和肩章上出现了代表武装部队军兵种分支及职能的"特殊标识"(图7)。

· 3 ·

图6

图7

二　苏维埃社会主义共和国联盟时期

自1917年12月16日起（十月革命后），全俄中央执行委员会和苏维埃人民委员会颁布法令，该法令不仅废除了头衔和军衔，还废除了以前建立的所有军事标识。

由于意识形态的改变，苏联政府取消了代表俄罗斯正规军重要标识的纹章，从而中断了纹章作为象征军事传统继承的连续性。这种做法似乎在政治上是合理的，但战争表明，使用纹章在客观上是必要的，纹章是区分指挥员和战士，以及整个军事单位的重要标识。

由于革命阶级斗争的思想嵌入了新武装部队的意识形态，因此纹章的设计需要包含与无产阶级相应的象征意义，即基于五角星的图案。

1918 年 7 月 29 日，根据人民军事委员会第 594 号命令，红色五角星被正式确立为所有军事人员军帽上的纹章。红色五角星形式的统一军事符号使用了 70 余年，并成为国家和军事标识之间的联系，从而奠定了创建俄罗斯联邦武装部队统一军事标识的基础（图 8）。

图 8

1926 年 6 月 11 日，苏联发布关于革命红旗的第一条规定：工农红军部队的旗帜经中央选举委员会和苏维埃人民委员会决议批准使用。根据该决议第三条，武装部队各分支及其单独作战单位和工农红军的勤务单位都有自己的红色革命旗帜。

1927 年 2 月 3 日，苏联革命军事委员会第 57 号命令宣布了红旗的图案及其象征意义；并于 1942 年 12 月 24 日，批准通过新样式的红旗。

1975 年，根据最高苏维埃主席团的法令，苏联引入了一项新的"关于苏联武装部队军事单位战斗旗帜的规定"。根据该规定，"红旗"正式成为军事单位的"战斗旗帜"，而红旗的图案和象征没有发生根本的改变（图 9）。

苏联历史时期，革命荣誉红旗成为武装部队第一个纹章外观的区分标识。它出现在 1918 年 8 月，是战斗旗帜的前身。随着政权的确立，红旗的图案和标识发生了变化，战旗的设计也随之发生变化（图 10）。

苏联红旗

1927 年

红色革命荣誉旗帜

1918 年

1937 年

1942 年

1920 年

图 9　　　　　　　　　　图 10

1926 年 11 月 23 日，苏联中央执行委员会主席团通过决议批准了革命荣誉红旗的样本并引入了海军革命荣誉旗帜（图 11）。

1941 年，"近卫军"旗帜被授予军事单位和兵团。

1942 年，"独立近卫军"类别的战斗旗帜也被投入使用（图 12）。

近卫军旗帜（1941 年）

独立近卫军红旗（1942 年）

独立近卫军红旗（1943 年）

图 11　　　　　　　　　　图 12

概 述

在苏联时期，军队纹章的基础图案是五角星形式的纹章图像（图13）。尽管苏联军事武装部队各单位没有自己的纹章，但是，通过学习俄罗斯帝国各军兵种纹章标识的设计情况，苏联军队也创建了各兵种部队和辅助单位的标识系统（图14）。

图13

图14

三 俄罗斯联邦共和国时期

苏联解体后，俄罗斯联邦（俄联邦）武装部队的纹章是根据俄联邦总统1997年1月27日第46号法令确立的。军事纹章的创作以双头鹰形象为基础，在1812年卫国战争期间，双头鹰被用于俄罗斯个别部队的帽徽上，后来又被用作亚历山大一世统治时期的国徽，以及1813—1855年间的战旗上。2020年，《俄罗斯联邦宪法》补充了第67.1条，其中第二部分以法律形式确认了俄联邦的千年历史和几个世纪以来国家发展的连续性。因此，俄联邦武装部队历史发展的连续性也得到承认。现代俄罗斯官方建立的国家和军事标识融合了俄罗斯帝国和苏联时期的元素。

2004年8月16日，俄联邦总统发布第1082号令，对俄联邦武装部队的纹章进行了改革和规范。根据该总统令,俄联邦国防部于 2011 年 9 月 3 日发布国防部长第 1515 号命令《关于俄罗斯联邦武装部队纹章规定》。2014 年 12 月 16 日,又发布了国防部长第 926 号命令《关于修订 2011 年 9 月 3 日国防部长第 1515 号命令》的文件,对俄联邦武装部队纹章规定进行了修改。2017 年 7 月 10 日,俄联邦国防部长发布第 434 号命令《关于俄罗斯联邦武装部队纹章规定》,同时废除 2011 年和 2014 年的国防部长命令。

俄联邦一改苏联时期的做法,为武装部队各军兵种、部门、部队和机构设计了独特的纹章。这些纹章在设计上充分融合了俄罗斯帝国时期的元素,如双头鹰、圣乔治等,并纳入部队驻地所在的州或城市纹章的核心图案,使整体看起来华贵端庄。

俄军每个军种、部门、部队和机构都拥有特色纹章,主要包括小徽章、中等徽章、大徽章、臂章和胸章等(图 15),它们分别用于不同着装和场合。其中,大徽章是反映一个单位要素最为全面的标识,其主要包括四个元素:单位属性标识、花环、盾牌和单位专属图案(图 16)。俄联邦武装力量属性不同,花环的样式也会有所不同(图 17)。

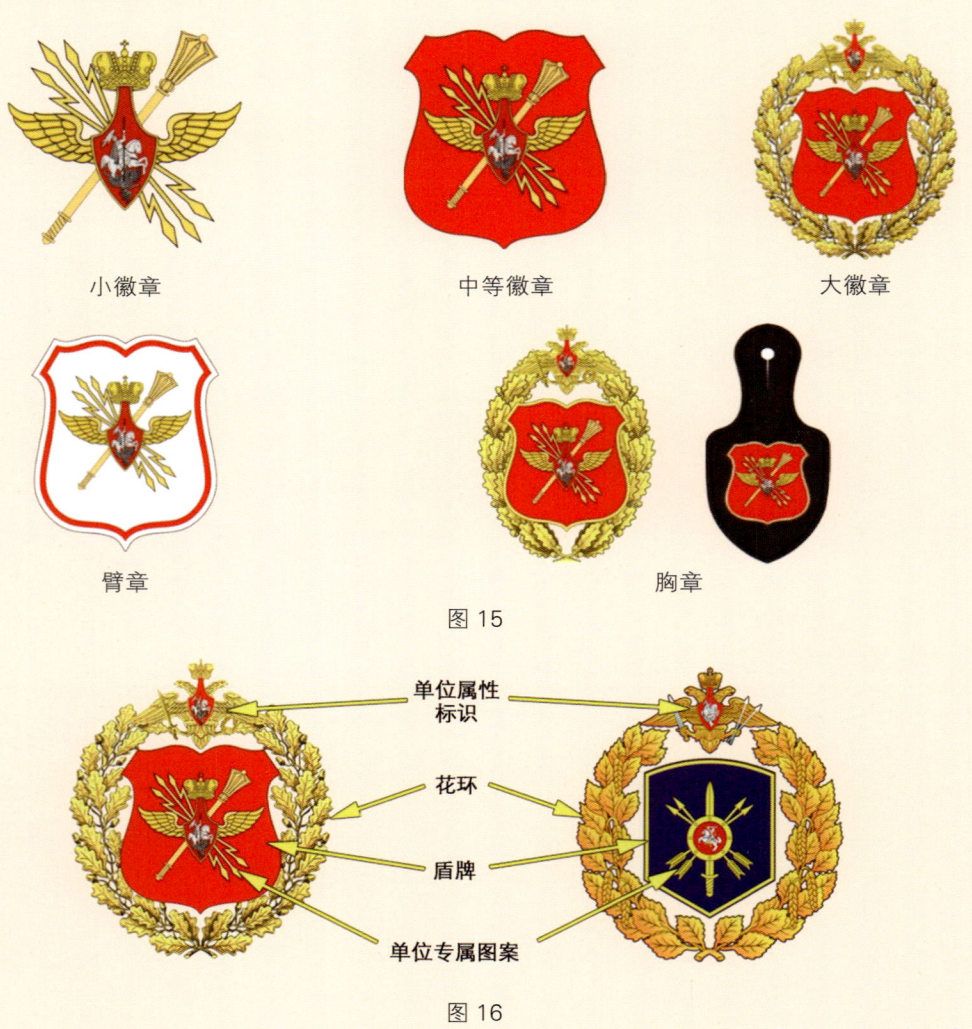

图 15

图 16

概 述

分为银色和金色，银色用于国防部徽章，金色用于没有专属花环的部队徽章

用于总参谋部徽章

用于空军徽章

用于海军徽章

用于战略火箭部队徽章

用于太空部队徽章

用于后方勤务部队徽章

用于武装部队教育工作局

用于军事学院徽章

图 17

此外，俄联邦借鉴吸收了俄罗斯帝国和苏联时期的各兵种标识元素，为每个兵种/职能部队设计了小徽章，这些小徽章通常佩戴在军衔和衣领上（图 18）。

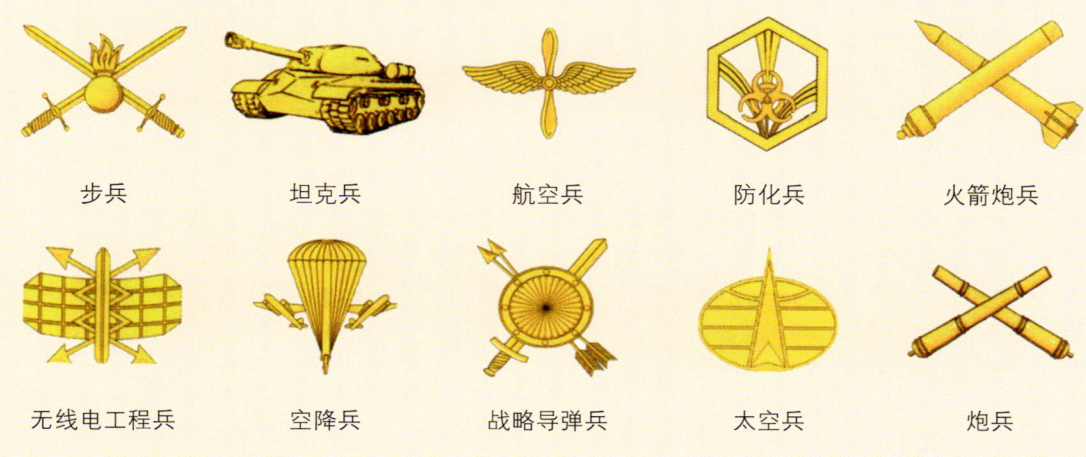

图 18

· 9 ·

图 18（续）

新的俄联邦武装力量纹章设计相较于俄罗斯帝国、苏联时期及俄联邦成立早期的一个明显创新是统一和规范了臂章的形制，以标识的形状来区分武装力量的属性和级别（图 19）。每个军兵种会以不同的底色加以衬托（图 20）。此外，在臂章上还设计了一些彩带元素来显示该部队所取得的荣誉（图 21）。

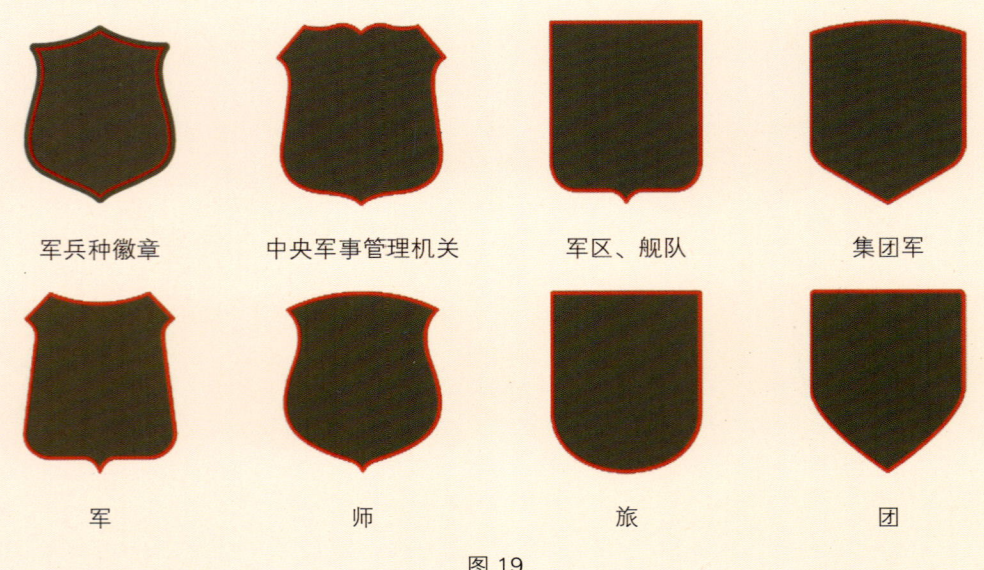

图 19

概　述

| 营 | 军事训练机构 | 研究机构 | 兵役机关 |

| 军事医疗机构 | | 其他机构 | |

图 19（续）

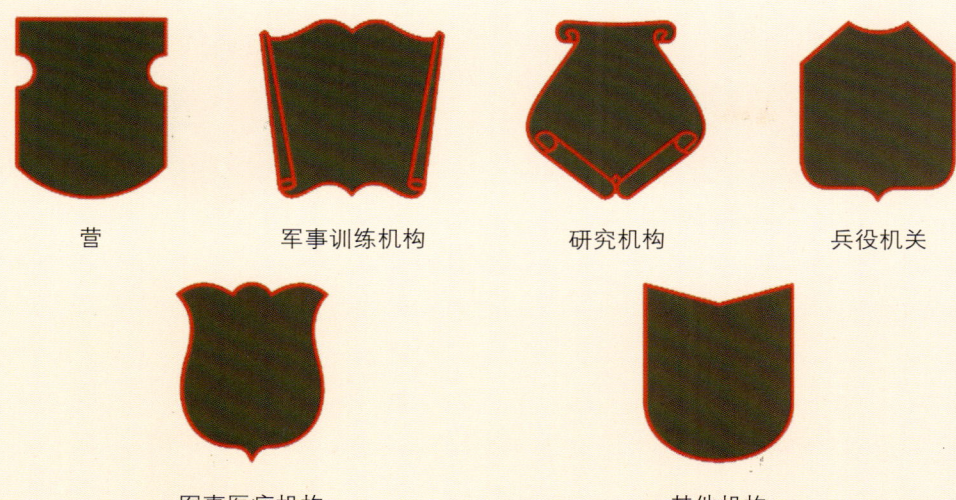

| 陆军 | 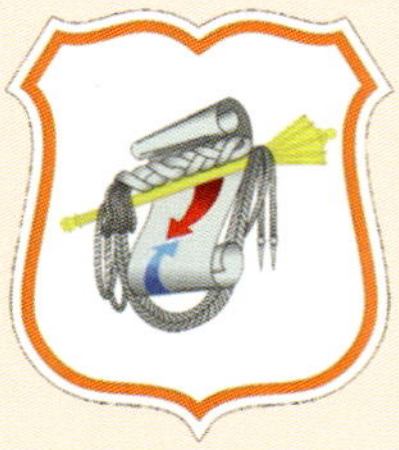 总参谋部作战总局 |  东部军区 |  第 4 空防集团军 |

| 第 68 步兵军 | 第 105 近卫混合航空兵师 | 第 15 近卫摩步旅 | 第 12 近卫坦克团 |

| 第 98 近卫空降师
第 215 近卫侦察营 |  莫扎伊斯基
军事航天学院 |  国防部第 12 中央研究所 |  南部军区兵役中心 |

图 20

国防部第6中央军事临床医院　　　　国防部中央工程弹药库

图 20（续）

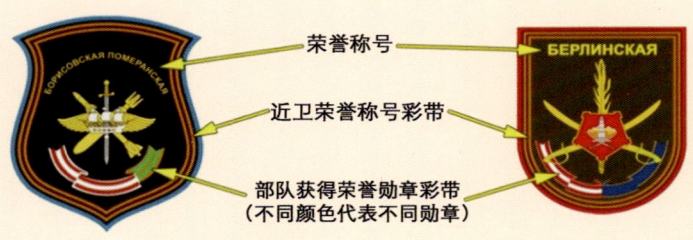

图 21

图 22 为俄军作业服上各类标识的佩戴位置。

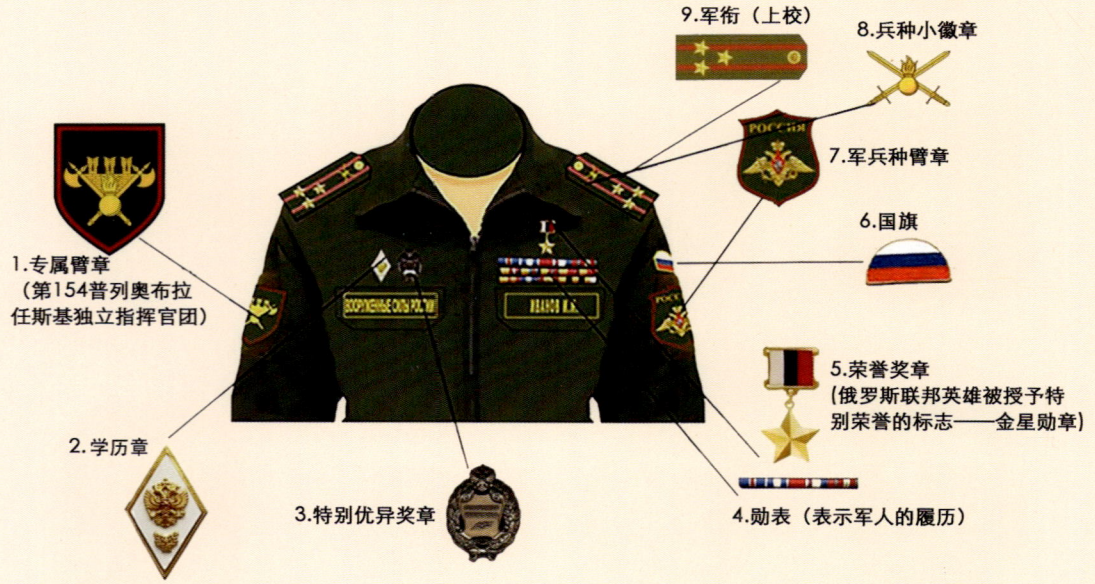

图 22

军事院校毕业生徽章，也称学历章。俄联邦军校的毕业生徽章为菱形徽章，上面铭刻着俄罗斯国防部的标识。对于优等毕业生的毕业生徽章，会在下方加缀月桂枝标识（图23）。

初级指挥院校本科毕业　　　中、高级指挥院校毕业　　　大专以下学历或军事专业培训毕业

图 23

第一部分
俄联邦武装力量标识

　　俄联邦武装力量主要由陆军、海军、空天军、空降兵、战略火箭兵等军兵种构成。在国防体制上，实行总统领导下的政令分离的行政管理和作战指挥体系。在行政管理上，由国防部负责国防和军队建设，对国防部总参谋部以外的机关和各军兵种司令部实施领导管理，统筹各军兵种发展建设、战斗训练和管理保障等。在作战指挥上，由总参谋部在国防部的领导下负责武装力量的作战指挥。全军按战略方向分别设置东部军区、南部军区、中部军区、莫斯科军区、列宁格勒军区。各军区负责对辖区内常规军事力量的军事行动实施指挥，其体制为总参谋部—战略方向司令部—战役司令部三级指挥体制。

俄联邦武装力量总司令旗帜

俄联邦武装力量总司令徽章

俄联邦武装力量徽章

第一部分 俄联邦武装力量标识

俄联邦武装力量旗帜（正面）

俄联邦武装力量旗帜（背面）

一 中央军事管理机构

俄罗斯国防部直接隶属于俄联邦总统，由国防部长总体负责，由各副部长按照责任分工分管不同的部门。俄罗斯国防部设12个副部长，其中，除俄罗斯总参谋长兼任国防部第一副部长外，还有1个专职第一副部长，2个分别兼任常务秘书和办公厅主任的副部长。

俄罗斯国防部的主要标识是银色的双头鹰图案，双头鹰右爪持剑，左爪拿着一个橡树叶花环。对于国防部长和副部长，他们分别拥有专属的旗帜和徽章，这些徽章以双头鹰为主要元素，区别在于鹰爪中所持的物品不同。

国防部旗帜

国防部徽章

中央军事管理机关徽章

中央军事管理机关臂章

· 17 ·

国防部领导旗帜和徽章

国防部长旗帜

国防部长徽章

国防部第一副部长兼总参谋长旗帜

国防部第一副部长兼总参谋长徽章

国防部第一副部长旗帜

国防部第一副部长徽章

国防部副部长旗帜（常务秘书）

国防部副部长徽章（常务秘书）

第一部分　俄联邦武装力量标识

国防部副部长旗帜（办公厅主任）　　　　　国防部副部长徽章（办公厅主任）

国防部副部长旗帜（分管后勤保障）　　　　国防部副部长徽章（分管后勤保障）

国防部副部长旗帜（分管营房、医疗、财务等）　　国防部副部长徽章（分管营房、医疗、财务等）

国防部副部长旗帜
（分管军事外交和军事技术合作）

国防部副部长徽章
（分管军事外交和军事技术合作）

· 19 ·

国防部副部长旗帜　　　　　　　　　国防部副部长徽章
（分管科学技术发展和信息系统）　　（分管科学技术发展和信息系统）

国防部副部长旗帜（分管装备保障）　　国防部副部长徽章（分管装备保障）

国防部

陆军司令部　　　　　　　　　　　　海军司令部

空天军司令部　　　　　　　　　　　战略火箭兵司令部

第一部分　俄联邦武装力量标识

空降兵司令部

国防部办公厅　　　　　　　　　　　　事务局

干部总局 　　　　　　　　　　　　武装力量体能训练和体育局

国家核辐射安全监督局　　　　　　　武装力量武器流转监督局

· 21 ·

武装力量军乐局　　　　　　　　　　　国防部知识产权、军事技术合作、
　　　　　　　　　　　　　　　　　　武器装备供应技术鉴定局

 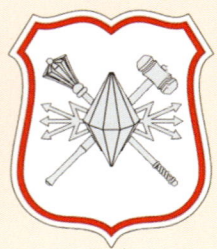  

武装力量指挥系统技术基础升级订货局　　军事警察总局

国防部第9总局　　　　　　　　　　　　国防部第12总局

武装力量部队勤务与兵役安全局　　　　　经济分析司

第一部分　俄联邦武装力量标识

部门财务监督和审计司　　　　　　　　信息与大众传媒司

法律司　　　　　　　　　　　　　　国防活动监督和监察总局

武装力量军事政治总局　　　　　　　　文化司

心理工作司　　　　　　　　　　　　公民信访工作局
　　　　　　　　　　　　　　　　　（国防部长社会接待室）

· 23 ·

武装力量徽章局 　　　　　　　　　　礼宾司

组织局　　　　　　　　　　　　　　监督局

武装力量物资技术保障参谋部　　　　军事运输保障司

缅怀卫国牺牲者局　　　　　　　　　机关和部队公共设施使用与维护司

第一部分　俄联邦武装力量标识

汽车装甲坦克总局

导弹和火炮总局

铁道兵局

武装力量计量总局

武装力量战斗训练总局

武装力量航空飞行安全局

建设司

跨军种先期研究和特种规划局

俄联邦军事力量标识图鉴

住房保障司

财产关系司

国家鉴定局

军事医疗总局

武装力量装备总局

国家国防订货保障司

国防部军邮通信部门

国防部技术监察局

第一部分　俄联邦武装力量标识

军事代表局

国家国防订货财务监控司

科研先进工艺跟踪（创新研究）总局

国防部信息与远程通信技术发展总局

国际军事合作总局

履约监督局（国家减少核危险中心）

国防部诉讼与索赔司

国家国防采购司

· 27 ·

国防部人工智能发展局

国防部深海研究总局

国防部特种器材采购司

国防部国家特殊项目管理局

国防部立法与行政司

武装力量导弹燃料与油料管理局

国防部资源保障司

国防部金融和经济服务局

第一部分　俄联邦武装力量标识

武装力量被装局

国防部联邦国家自治机构住房和社会基础设施司

国防部军事检察局

国防部军事总检察长办公室

国防部文职人员劳动和工资司

国防部控制司

国防部军事公共物业管理司

国防部消防监督与管理局

· 29 ·

俄联邦军事力量标识图鉴

俄罗斯中央银行驻国防部机构 　　　　国防部档案馆

国防部中央广播电视演播室

国防部总参谋部

总参谋部作战总局　　　　　　　　　总参谋部情报总局

总参谋部组织动员总局 　　　　　　　总参谋部通信总局

第一部分　俄联邦武装力量标识

国家防务指挥中心

武装力量电子对抗兵局

总参谋部军事测绘局

总参谋部第8局

总参谋部战役训练局

总参谋部无人飞行器建设和发展局

武装力量三防兵局

武装力量工程兵局

· 31 ·

武装力量水文气象局

武装力量军事科学委员会

总参谋部特种作战技术发展局

总参谋部军事战略研究中心

总参谋部外国军事信息与通信中心

总参谋部"K"局

心理学家军事管理局和中央特别宣传机构

第88机要中心

第一部分　俄联邦武装力量标识

总参谋部武装力量档案局 　　　　　　武装力量空中指挥中心（隶属于国家防务中心）

国防部其他机构

| 第3中央研究所
汽车装备研究测试所 | 国防部电子对抗
研究测试中心 | 第27中央研究所 | 第46中央研究所 |

| 第38中央研究所
装甲武器装备测试研究所 | 中央机器人研究测试所 | 军事历史研究所 | 第15工程部队
中央研究与测试研究所 |

| 第24中央研究所
海军建设作战战略研究 | 第40中央研究所
救援和水下技术研究 | 国家预算机构
科学计量研究所 | 特别发展研究所 |

俄联邦军事力量标识图鉴

第12中央研究所	第6中央试验靶场	中央工程弹药库
总参谋部武器自动控制系统培训和测试中心	第946地球空间信息中心	总参谋部军事历史图书馆
武器自动化指挥控制系统培训和测试中心	第442火箭和炮兵武器弹药维护保障培训中心	总参谋部第147汽车基地
红星勋章汽车基地	第6中央军事临床医院	第9医疗诊断中心

第一部分　俄联邦武装力量标识

武装力量各军兵种旗帜和徽章

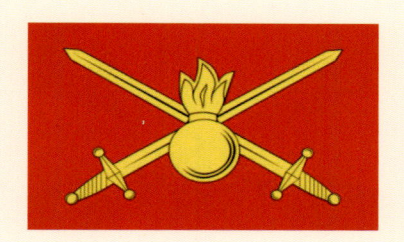

陆军旗帜 　　　　　　　　　　陆军徽章

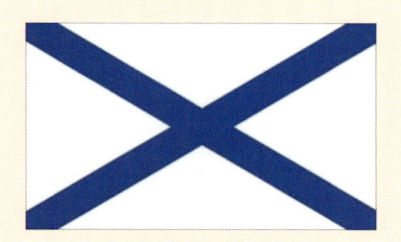

海军旗帜 　　　　　　　　　　海军徽章

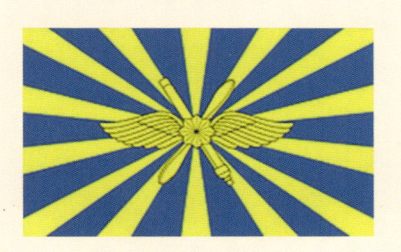

空天军旗帜 　　　　　　　　　空天军徽章

战略火箭兵旗帜 　　　　　　　战略火箭兵徽章

空降兵旗帜 　　　　　　　　　空降兵徽章

· 35 ·

武装力量各专业兵种和徽章

情报部队旗帜

特种部队旗帜

通信兵部队旗帜

无线电电子对抗部队旗帜

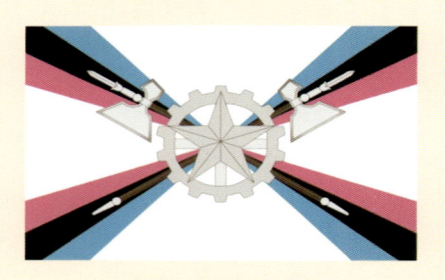

后勤保障部队旗帜

工程兵部队旗帜

核武器保障部队旗帜

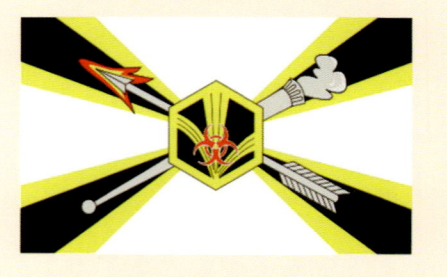

三防兵部队旗帜

第一部分　俄联邦武装力量标识

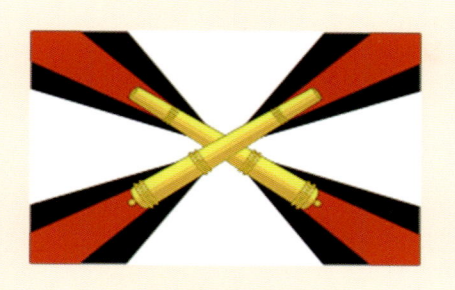

炮兵部队旗帜

防空兵部队旗帜

铁道部队旗帜

海军陆战队旗帜

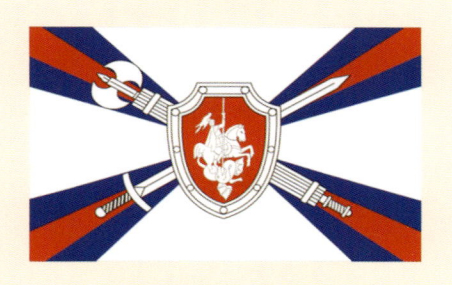

军事警察部队旗帜

中央陆军俱乐部旗帜

情报部队徽章

通信兵部队徽章

俄联邦军事力量标识图鉴

电子对抗部队徽章

后勤保障部队徽章

营房建设部队徽章

核武器保障部队徽章

工程兵部队徽章

三防兵部队徽章

炮兵部队徽章

防空兵部队徽章

铁道部队徽章

国防部军事代表徽章

二　军区

俄罗斯将军区定位为"武装力量区域性诸军兵种合成战略战役军团",平时归陆军总司令部直接领导,战时担负战略方向战略战役司令部职能,对辖区内除战略核力量以外的其他武装力量实施指挥。2008年10月14日,俄罗斯开始进行"新面貌"改革。在"新面貌"改革之后,俄军将军区升格为"武装力量区域性跨军种战略军团",无论在平时还是在战时,辖区内除战略核力量以外的武装力量各军兵种都直接隶属于军区司令。军区指挥机关(联合战略司令部)不仅是所辖各军兵种的军事行政领导机关,同时也是战区联合作战指挥机关。

"新面貌"改革之前的军区

"新面貌"改革之前,俄军军区设有隶属于俄陆军的战略战役军区,包括远东军区、西伯利亚军区、伏尔加-乌拉尔军区、北高加索军区、莫斯科军区、列宁格勒军区等6个军区。俄军军区的标识通常会以五边形堡垒符号为基础,并在内部添加不同的图形来表示不同的军区。

莫斯科军区的五边形堡垒符号为金色,标识是一顶莫诺马赫帽,象征着莫斯科对其他城市的领导地位,红色背景上是交叉的金色权杖和大宝剑。

列宁格勒军区的五边形堡垒符号为金色,标识是红色背景上的一根直立的金色权杖,后方有两根交叉的银锚,表示列宁格勒军区是俄海军的诞生地。

莫斯科军区 　　　　　　　　　　列宁格勒军区

伏尔加-乌拉尔军区的五边形堡垒符号为金色,红色背景上的中心是银色的"欧亚"分界碑,后方是金色的乌拉尔山脉,下面有代表欧洲和亚洲冷兵器的银色弯刀。

西伯利亚军区的五边形堡垒符号为金色,标识是红色背景上的西伯利亚汗国的王冠,背景是交叉的金箭和金柄银头的战斧,表明俄联邦推崇王权,希望光复王权时代的荣耀。

北高加索军区的五边形堡垒符号为银色,天蓝色背景上的中心是黑色的"高加索十字架",十字架上有两把交叉的宝剑。堡垒上的山峰是厄尔布鲁士峰。

远东军区并没有使用五边形堡垒符号,而是使用了哈巴罗夫斯克的纹章盾牌,盾牌外围环绕着椭圆形的金色橡叶花环,花环上方是俄陆军的徽章。

伏尔加-乌拉尔军区 　　西伯利亚军区 　　北高加索军区 　　远东军区

"新面貌"改革之后的军区

1. 东部军区

2010年，根据俄联邦总统第1144号令，由原远东军区、西伯利亚军区东部、第3防空司令部和太平洋舰队合并组建东部军区，联合战略司令部设在哈巴罗夫斯克。东部军区辖区包括布里亚特共和国、萨哈（雅库特）共和国、外贝加尔边疆区、堪察加边疆区、滨海边疆区、哈布罗夫斯克边疆区、阿穆尔州、马加丹州、萨哈林州、犹太自治区和楚科奇自治区等11个联邦主体，总面积约为700万平方千米。

东部军区徽章 　　东部军区军旗 　　东部军区臂章

东部军区司令徽章 　　东部军区司令臂章

主要编成部队标识如下:

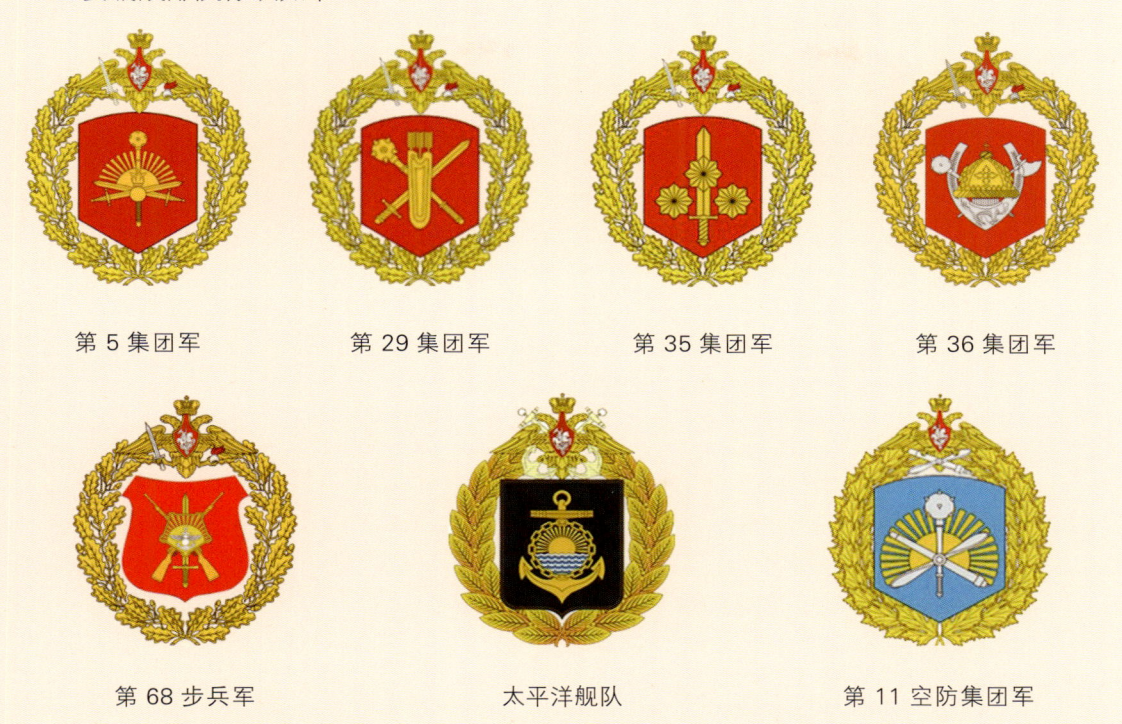

第 5 集团军　　　　第 29 集团军　　　　第 35 集团军　　　　第 36 集团军

第 68 步兵军　　　　　　太平洋舰队　　　　　　第 11 空防集团军

2. 南部军区

2010 年,根据俄联邦总统第 1144 号令,由原北高加索军区、黑海舰队、里海舰队、第 4 空防集团军司令部合并组建南部军区,联合战略司令部设在顿河畔罗斯托夫市。南部军区辖区包括阿迪格共和国、达吉斯坦共和国、印古什共和国、卡巴尔达-巴尔卡尔共和国、卡尔梅克共和国、卡拉恰耶-切尔克斯共和国、北奥塞梯-阿兰共和国、车臣共和国、克里米亚共和国、克拉斯诺达尔边疆区、斯塔夫罗波尔边疆区,阿斯特拉罕州、伏尔加格勒州、罗斯托夫州和塞瓦斯托波尔市等联邦主体,总面积约为 42 万平方千米。此外,该军区还负责指挥设在南奥塞梯、亚美尼亚和阿布哈兹等其他国家的基地。

南部军区徽章　　　　南部军区军旗　　　　南部军区臂章

· 41 ·

南部军区司令徽章 　　　　　　　南部军区司令臂章

主要编成部队标识如下：

第 8 集团军 　　　　　第 49 集团军 　　　　　第 58 集团军

黑海舰队 　　　　　里海区舰队 　　　　　第 4 空防集团军

3. 西部军区

  2010 年，根据俄联邦总统第 1144 号令，由原列宁格勒军区、莫斯科军区、北方舰队、波罗的海舰队和第 1 空防集团军司令部合并组建西部军区，联合战略司令部设在圣彼得堡。西部军区辖区包括卡累利阿共和国、布良斯克州、弗拉基米尔州、沃洛格达州、沃罗涅日州、伊万诺沃州、科斯特罗马州、库尔斯克州、列宁格勒州、利佩茨克州、莫斯科州、下诺夫哥罗德州、诺夫哥罗德州、别尔哥罗德州、加里宁格勒州、奥廖尔州、普斯科夫州、梁赞州、斯摩棱斯克州、卡卢加州、坦波夫州、特维尔州、图拉州、雅罗斯拉夫尔州、莫斯科市和圣

彼得堡市等联邦主体，总面积约为100万平方千米。2014年，北方舰队和所有驻扎在俄罗斯北极地区的部队被划分出去，组建新的联合战略司令部（北方舰队）。

西部军区徽章　　　　　　西部军区军旗　　　　　　西部军区臂章

西部军区司令徽章　　　　　　西部军区司令臂章

主要编成部队标识如下：

第1近卫坦克集团军　　第6集团军　　第20集团军　　驻德涅斯特河沿岸地区战役集群

第11海军陆战军　　　波罗的海舰队　　　第6空防集团军

4. 中部军区

2010年，根据俄联邦总统第1144号令，由原伏尔加-乌拉尔军区、西伯利亚军区西部和第2防空司令部合并组建中部军区，联合战略司令部设在叶卡捷琳堡。西部军区辖区包括阿尔泰共和国、巴什科尔托斯坦共和国、马里埃尔共和国、摩尔多瓦共和国、鞑靼斯坦共和国、图瓦共和国、乌德穆尔特共和国、哈卡斯共和国、楚瓦什共和国、阿尔泰共和国、彼尔姆边疆区、阿尔泰边疆区、伊尔库斯克州、克麦罗沃州、基洛夫州、库尔干州、新西伯利亚州、鄂木斯克州、奥伦堡州、奔萨州、萨马拉州、萨拉托夫州、斯维尔德洛夫斯克州、托木斯克州、秋明州、乌里扬诺夫斯克州、车里雅宾斯克州、汉特-曼西自治区和亚马尔-涅涅茨自治区等联邦主体，面积约为706万平方千米。

| 中部军区徽章 | 中部军区军旗 | 中部军区臂章 |

| 中部军区司令徽章 | 中部军区司令臂章 |

主要编成部队标识如下：

| 第2近卫集团军 | 第41集团军 | 第14空防集团军 |

5. 北方联合战略司令部

2014年12月1日，俄罗斯为了保护在北极地区的国家安全和利益，正式以北方舰队为基础组建北方联合战略司令部，并将西部军区、中部军区和东部军区驻北极地区的部分陆军、航空兵和防空兵部队划归北方联合战略司令部指挥。北方联合战略司令部辖区包括新地岛、新西伯利亚群岛、法兰士约瑟夫群岛、弗兰格尔岛等整个北极地区。虽然该联合战略司令部未被明确为军区，但实际上享有军区的地位。

2020年6月，俄联邦总统普京签署第374号令，正式宣布自2021年1月1日起，俄北方舰队独立为军事行政单位，正式成为继中部军区、西部军区、东部军区、南部军区后的第五军区，其辖区包括科米共和国、阿尔汉格尔斯克州、摩尔曼斯克州及原属于西部军区管辖的涅涅茨自治区共4个联邦主体，总面积约为115万平方千米。

北方联合战略司令部徽章

主要编成部队标识如下：

北方舰队　　　　　　第14海军陆战军　　　　　　第45空防集团军

新调整之后的军区

2024年2月26日，俄联邦总统普京签发第141号令。从2024年3月1日起正式恢复莫斯科军区、列宁格勒军区建制及辖区，而2010年秋组建的西部军区取消，北方舰队不再具有跨军种战略司令部的地位，原管辖的科米、阿尔汉格尔斯克、摩尔曼斯克地区，以及涅涅茨自治区改由列宁格勒军区接管，北方舰队只负责指挥管理海军部队、海军沿海部队、海军航空兵。

新的莫斯科军区行政区划包括别尔哥罗德州、布良斯克州、弗拉基米尔州、沃罗涅日州、伊万诺沃州、卡卢加州、科斯特罗马州、库尔斯克州、利佩茨克州、莫斯科州、下诺夫哥罗德州、奥廖尔州、梁赞州、斯摩棱斯克州、坦波夫州、特维尔州、图拉州、雅罗斯拉夫尔州及莫斯科市。

新的列宁格勒军区行政区划包括卡累利阿共和国、科米共和国、阿尔汉格尔斯克州、沃洛格达州、加里宁格勒州、列宁格勒州、摩尔曼斯克州、诺夫哥罗德州、普斯科夫州、涅涅茨自治区和圣彼得堡市。

重新调整后，俄军军区可能恢复启用原有的徽章。原分别隶属于各军区的海军舰队、区舰队收归海军司令部统辖。

1. 东部军区

东部军区徽章

主要编成部队标识如下：

第 5 集团军 　　　　　第 29 集团军 　　　　　第 35 集团军

第 36 集团军 　　　　　第 68 步兵军 　　　　　第 11 近卫空防集团军

· 46 ·

2. 南部军区

南部军区徽章

主要编成部队标识如下：

第 3 集团军
（原卢甘斯克第 2 军团）

第 8 近卫集团军

第 18 集团军

第 49 集团军

第 58 集团军

第 4 空防集团军

第 7 近卫空降突击师

3. 中部军区

中部军区徽章

主要编成部队标识如下：

第 2 近卫集团军 　　　第 41 集团军 　　　第 25 集团军

第 51 近卫集团军
（原顿涅茨克第 1 军团）　　　第 14 空防集团军 　　　第 104 空降突击师

4. 列宁格勒军区

列宁格勒军区徽章

主要编成部队标识如下：

第 6 集团军 　　　　　　　　　　　　　第 44 步兵军

第 11 海军陆战军 　　　　　　　　　　第 14 海军陆战军

第 6 空防集团军 　　　第 45 空防集团军 　　　第 76 近卫空降突击师

5. 莫斯科军区

莫斯科军区徽章

主要编成部队标识如下:

第 1 近卫坦克集团军　　　　　　第 20 集团军

驻德涅斯特河沿岸　　　　　　　第 3 步兵军
地区战役集群

第 1 防空反导集团军　　第 98 近卫空降师　　第 106 近卫空降师

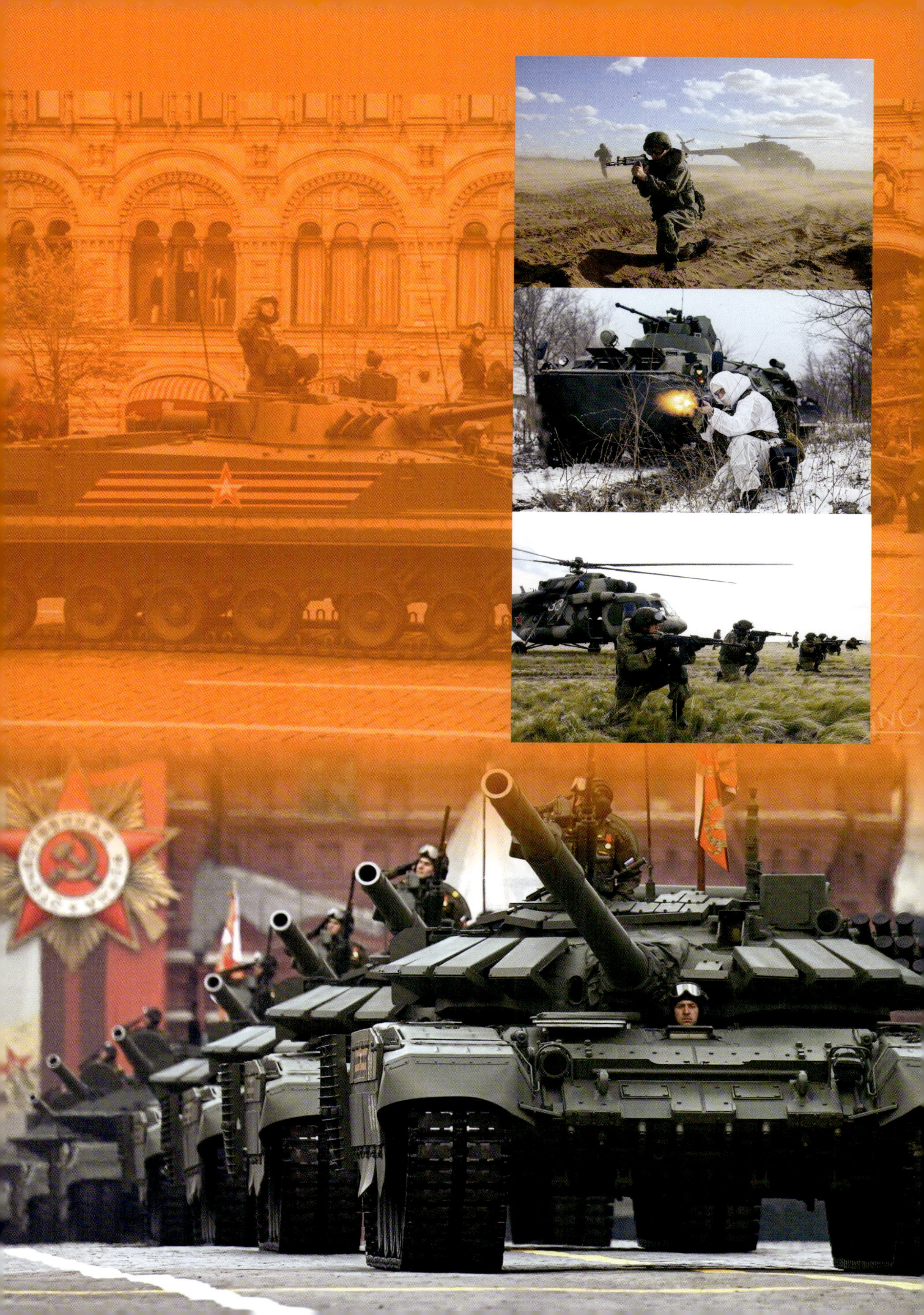

三 陆军

　　2001年，俄军重建陆军部，没有作战指挥权，主要负责陆军行政管理、战斗训练、装备建设、专业保障、维和行动及其他非战争军事行动任务。俄陆军主要由摩步兵、坦克兵、导弹兵、炮兵、防空兵等兵种，以及侦察、通信、电子对抗、工程、三防、物资技术保障等专业兵构成。2008年俄军开始"新面貌"改革后，陆军取消师-团建制，改为军-旅建制。2010年俄军军区合并重组后，新建了3个诸兵种合成集团军（简称"集团军"），2013年恢复第68步兵军编制，并开始部分恢复师级编制，如第4近卫坦克旅恢复为第4近卫坦克师，2015年又重建第1近卫坦克集团军。2016年以来，俄军在各军区逐步恢复了师-团建制。2022年后，俄军将继续推进旅改师的进程，将部分摩步旅扩编为摩步师。由于俄陆军部分部队正在调整之中，因此，本书中的俄陆军按照2022年之前的军区划分和编制情况进行排列，并加入了近年来俄陆军建设改革的部分情况。

陆军军徽 　　　　　陆军军旗 　　　　　陆军司令部徽章

东部军区陆军

1. 第5诸兵种合成集团军

　　第5诸兵种合成集团军始建于1918年，参加过卫国战争和远东对日作战，司令部驻地为滨海边疆区乌苏里斯克。

第5集团军徽章 　　　　　第5集团军臂章

第一部分　俄联邦武装力量标识

第 5 集团军
独立第 80 指挥旅

第 5 集团军
独立第 57 近卫摩步旅

第 5 集团军
独立第 60 摩步旅

第 5 集团军
第 8 防空导弹旅

第 5 集团军
第 20 近卫导弹旅

第 5 集团军
第 305 炮兵旅

第 5 集团军
第 101 物资技术保障旅

第 5 集团军
独立第 25 三防团

第 5 集团军
第 35 工兵团

第 5 集团军
独立第 237 技术侦察营

第 5 集团军
第 78 特殊任务营

第 5 集团军
第 59 摩步旅
（整编入第 127 摩步师）

第 5 集团军
第 70 摩步旅
（整编入第 127 摩步师）

2018年12月，第5诸兵种合成集团军在第59、70摩步旅的基础上扩充组建了第127摩步师。2020年年底，独立第84坦克营扩编为第218坦克团。

第5集团军
第127摩步师徽章

第5集团军
第127摩步师臂章

第127摩步师
独立第77侦察营

第127摩步师
第928通信营

第127摩步师
第42医疗营

第127摩步师
第152反坦克营

第127摩步师
第243工兵营

第127摩步师
第1139物资保障营

第127摩步师
第114近卫摩步团

第127摩步师
第143摩步团

第127摩步师
第394摩步团

第127摩步师
第218坦克团

第127摩步师
第1171防空导弹团

第127摩步师
第872自行火炮团

· 54 ·

第一部分　俄联邦武装力量标识

2. 第29诸兵种合成集团军

第29诸兵种合成集团军的前身是第44步兵军，1972年扩编为第29集团军，此后几经改编、撤编。2010年重建，司令部驻地为外贝加尔边疆区的赤塔市。

第29集团军徽章

第29集团军臂章

第29集团军徽章（旧徽章）

第29集团军徽章（旧臂章）

第29集团军
第101指挥旅

第29集团军
第36近卫摩步旅

第29集团军
第200炮兵旅

第29集团军
第3导弹旅

第29集团军
第140防空导弹旅

第29集团军
第104物资技术保障旅

第29集团军
第27工兵团

第29集团军
独立第19三防团

· 55 ·

第 29 集团军
第 225 武器储存和维修基地

第 29 集团军
独立第 574 电子对抗营

第 29 集团军
第 235 技侦营

第 29 集团军
特殊任务营

3. 第 35 诸兵种合成集团军

第 35 诸兵种合成集团军前身是 1941 年 7 月成立的远东方面军第 18 步兵军，曾参加过远东对日作战，战后被撤编。20 世纪 60 年代，由第 29 步兵军扩编为第 35 集团军，司令部驻地为阿穆尔州的别洛戈尔斯克。

第 35 集团军徽章

第 35 集团军臂章

第 35 集团军
独立第 54 指挥旅

第 35 集团军
独立第 38 近卫摩步旅

第 35 集团军
独立第 64 摩步旅

第 35 集团军
独立第 69 掩护旅

第一部分　俄联邦武装力量标识

第 35 集团军
第 107 导弹旅

第 35 集团军
第 103 物资技术保障旅

第 35 集团军
第 165 炮兵旅

第 35 集团军
第 35 三防团

第 35 集团军
第 37 工兵团

第 35 集团军
第 253 技侦营

第 35 集团军
独立第 3 电子对抗营

第 35 集团军
第 63 特殊任务营

第 35 集团军
第 71 防空旅

第 71 防空旅
第 529 防空导弹营

第 71 防空旅
第 530 防空导弹营

第 71 防空旅
第 533 防空导弹营

· 57 ·

4. 第36诸兵种合成集团军

第36诸兵种合成集团军成立于1941年7月，1945年撤编。1968年苏军成立第86步兵军，后于1976年扩编为第36集团军，1990年改编为第55步兵军，1998年恢复了第36集团军番号，2009年司令部移防至布里亚特共和国的乌兰乌德市。

第36集团军徽章

第36集团军臂章

第36集团军
独立第75指挥旅

第36集团军
独立第5近卫坦克旅

第36集团军
独立第37近卫摩步旅

第36集团军
第30炮兵旅

第36集团军
第103导弹旅

第36集团军
第35防空导弹旅

第36集团军
第102物资技术保障旅

第36集团军
独立第88技侦旅

第36集团军
独立第147工兵团

第36集团军
独立第26三防团

5. 第 68 步兵军

第 68 步兵军的前身是 1943 年 9 月组建的第 87 步兵军，1957 年改称为第 2 步兵军，1978 年扩编为第 51 集团军，1995 年改编为第 68 步兵军。2010 年撤编，2013 年 5 月恢复为第 68 步兵军，司令部驻地为萨哈林州的南萨哈林斯克。

第 68 步兵军徽章

第 68 步兵军臂章

第 68 步兵军
独立第 39 摩步旅

第 68 步兵军
某导弹旅

第 68 步兵军
独立第 327 电子对抗营

第 68 步兵军
独立第 676 工兵营

第 68 步兵军
独立第 137 指挥营

第 68 步兵军
独立第 321 火箭炮营

机炮师实质上是一个摩步师,"机炮"只是一个传统的名称,该师用于保卫指定的特殊区域的单位。

| 第68步兵军 第18机炮师徽章 | 第68步兵军 第18机炮师臂章 | 第18机炮师 第46机炮团 | 第18机炮师 第49机炮团 |

6. 东部军区陆军直属

| 独立第104指挥旅 | 第106通信旅 | 独立第17电子对抗旅 | 独立第14特种任务旅 |

| 第338近卫火箭炮旅 | 独立第14近卫工兵旅 | 独立第16三防旅 | 独立第92技侦旅 |

| 独立第7技侦团 | 第1维修和疏散团 | 第111坦克存储与修理基地 | 第1295坦克存储与修理基地 |

第一部分　俄联邦武装力量标识

独立第 7 铁路旅

独立第 7 铁路旅
第 13 铁路轨道营

独立第 7 铁路旅
第 76 铁路轨道营

独立第 7 铁路旅
第 25 铁路桥梁营

独立第 7 铁路旅
第 64 机械化铁路营

独立第 50 铁路旅

独立第 50 铁路旅
第 42 铁路轨道营

独立第 50 铁路旅
第 117 铁路浮桥营

独立第 50 铁路旅
第 118 铁路浮桥营

第 212 训练中心

第 212 训练中心
第 206 近卫坦克训练团

第 212 训练中心
第 346 近卫坦克训练团

第 212 训练中心
第 383 近卫摩步训练团

· 61 ·

第 212 训练中心
第 439 防空训练团

第 212 训练中心
第 139 通信训练营

第 212 训练中心
汽车训练营

第 392 近卫训练中心

第 392 近卫训练中心
第 240 坦克训练团

第 392 近卫训练中心
第 386 摩步训练团

东部军区宪兵营

东部军区
对外军事情报交流中心

东部军区
第 1207 计量中心

东部军区兵役动员部门

第一部分　俄联邦武装力量标识

西部军区陆军

1. 第1近卫坦克集团军

第1近卫坦克集团军是俄军精锐装甲部队,参加过卫国战争多场著名的重大战役,并于1944年获得近卫称号,1999年被撤编。2014年11月13日重建,集团军司令部驻地为莫斯科州的奥金佐沃市。

第1近卫坦克集团军徽章

第1近卫坦克集团军臂章

第1近卫坦克集团军
第60指挥旅

第1近卫坦克集团军
独立第96侦察旅

第1近卫坦克集团军
独立第27近卫摩步旅

第1近卫坦克集团军
第288炮兵旅

第1近卫坦克集团军
第49防空导弹旅

第1近卫坦克集团军
第112导弹旅

第1近卫坦克集团军
独立第6近卫坦克旅

· 63 ·

第1近卫坦克集团军
第69物资技术保障旅

第1近卫坦克集团军
第6工兵团

第1近卫坦克集团军
技术装备维修中心

第1近卫坦克集团军
第2近卫摩步师徽章

第1近卫坦克集团军
第2近卫摩步师臂章

第1近卫坦克集团军第2近卫摩步师全称是"塔曼近卫摩步兵第2师",简称"塔曼师"。其前身是1940年7月成立的第127步兵师,1941年9月改称为第2近卫步兵师。之后,分别在1953年、1957年、1964年、2005年进行了4次名称改编,其中,2005年改编为第5近卫摩步旅。2013年5月,再次改编为第2近卫摩步师。

第2近卫摩步师
第47通信营

第2近卫摩步师
第136侦察营

第2近卫摩步师
第1174反坦克营

第2近卫摩步师
第211近卫工兵营

《俄联邦军事力量标识图鉴》纹章

第一部分　俄联邦武装力量标识

第 2 近卫摩步师
第 370 医疗营

第 2 近卫摩步师
第 1 近卫摩步团

第 2 近卫摩步师
第 15 近卫摩步团

第 2 近卫摩步师
第 1 近卫坦克团

第 2 近卫摩步师
第 147 近卫自行火炮团

第 2 近卫摩步师
第 1117 防空导弹团

第 1 近卫坦克集团军
第 4 近卫坦克师徽章

第 1 近卫坦克集团军
第 4 近卫坦克师臂章

· 65 ·

第 1 近卫坦克集团军第 4 近卫坦克师全称是"获得列宁勋章"和"红旗勋章的坎捷米罗夫卡"第 4 近卫坦克师,即"坎捷米罗夫卡"师,前身是苏联第 17 坦克军。改革后缩编为第 4 近卫坦克旅,2023 年扩编为第 4 近卫坦克师,并恢复了以往的荣誉称号。

第 4 近卫坦克师
第 413 近卫通信营

第 4 近卫坦克师
第 137 近卫侦察营

第 4 近卫坦克师
第 330 近卫工兵营

第 4 近卫坦克师
第 1088 物资支援营

第 4 近卫坦克师
第 165 近卫医疗营

第 4 近卫坦克师
第 12 近卫坦克团

第 4 近卫坦克师
第 13 近卫坦克团

第 4 近卫坦克师
第 423 近卫摩步团

第 4 近卫坦克师
第 257 自行火炮团

第 4 近卫坦克师
第 538 近卫防空导弹团

2. 第6诸兵种合成集团军

第6诸兵种合成集团军组建于1918年内战时期，后在1920年、1921年、1941年、1945年、1998年经历了5次撤编和重建。2010年12月1日再次重建，集团军司令部驻地为圣彼得堡。

第6集团军徽章 　　　　　　　　　　　　　　第6集团军臂章

第6集团军
独立第95指挥旅

第6集团军
独立第25近卫摩步旅
正扩编为第68摩步师

第6集团军
独立第138近卫摩步旅
正扩编为第69摩步师

第6集团军
第9近卫炮兵旅

第6集团军
第26导弹旅

第6集团军
第5防空导弹旅

第6集团军
独立第51物资技术保障旅

第6集团军
独立第6三防旅

第 6 集团军
独立第 30 工兵团

第 6 集团军
独立第 49 电子对抗营

第 6 集团军
第 2263 技侦营

第 6 集团军
第 232 技侦营

3. 第 20 近卫诸兵种合成集团军

第 20 近卫诸兵种合成集团军的前身是著名的第 4 近卫坦克集团军，20 世纪 60 年代改编为第 20 近卫集团军，曾在 1994 年缩编为第 20 近卫步兵军，1998 年恢复为集团军建制。2015 年，集团军司令部移防至沃罗涅日州的沃罗涅日市。

第 20 近卫集团军徽章

第 20 近卫集团军臂章

第 20 近卫集团军
独立第 9 近卫指挥旅

第 20 近卫集团军
第 236 炮兵旅

第 20 近卫集团军
第 488 导弹旅

第 20 近卫集团军
第 53 防空导弹旅

第一部分　俄联邦武装力量标识

第 20 近卫集团军
第 29 特种任务旅

第 20 近卫集团军
独立第 152 物资技术保障旅

第 20 近卫集团军
独立第 20 三防团

第 20 近卫集团军
独立第 24 电子对抗营

第 20 近卫集团军
第 16 工兵团

第 20 近卫集团军
防空指挥所

第 20 近卫集团军
第 3 摩步师徽章

第 20 近卫集团军
第 3 摩步师臂章

第 20 近卫诸兵种合成集团军第 3 摩步师是在原该集团军第 9 摩步旅和第 23 摩步旅的基础上，于 2016 年重新组建的。

第 3 摩步师
独立第 692 通信营

第 3 摩步师
第 84 侦察营

第 3 摩步师
第 159 反坦克营

第 3 摩步师
第 337 工兵营

• 69 •

第 3 摩步师
第 911 物资保障营

第 3 摩步师
独立第 231 医疗营

第 3 摩步师
第 252 近卫摩步团

第 144 近卫摩步师
第 245 近卫摩步团

第 3 摩步师
第 237 近卫坦克团

第 3 摩步师
第 99 近卫自行火炮团

第 20 近卫诸兵种合成集团军第 144 摩步师是在中部军区原第 28 摩步旅的基础上，于 2016 年重新组建的，2018 年获"近卫"称号，成为第 144 近卫摩步师。

第 20 近卫集团军
第 144 近卫摩步师徽章

第 20 近卫集团军
第 144 近卫摩步师臂章

第 144 近卫摩步师
第 686 通信营

第 144 近卫摩步师
第 340 工兵营

第 144 近卫摩步师
第 150 医疗营

第一部分　俄联邦武装力量标识

第 144 近卫摩步师
第 673 防空导弹营

第 144 近卫摩步师
第 1032 物资技术保障营

第 144 近卫摩步师
第 254 近卫摩步团

第 144 近卫摩步师
第 488 摩步团

第 144 近卫摩步师
第 856 近卫自行火炮团

第 144 近卫摩步师
第 59 近卫坦克团

4. 第 3 步兵军

2022 年 8 月，俄罗斯各地志愿者在穆里诺地区组建第 3 步兵军。

第 3 步兵军徽章

第 3 步兵军臂章

第 3 步兵军
独立第 72 摩步旅

第 3 步兵军
第 17 重炮旅

第 3 步兵军
独立第 52 防空导弹营

· 71 ·

第 3 步兵军
第 6 摩步师徽章

第 3 步兵军
第 6 摩步师臂章

第 6 摩步师
第 54 摩步团

第 6 摩步师
第 57 摩步团

第 6 摩步师
第 52 防空导弹营

5. 西部军区陆军直属

独立第 1 指挥旅

独立第 15 电子对抗旅

独立第 16 电子对抗旅

独立第 82 技侦旅

独立第 146 技侦旅

第 202 防空寻弹旅

第 79 近卫火箭炮旅

第 45 重炮旅

第一部分　俄联邦武装力量标识

第 1 近卫工程兵旅 　　第 45 近卫工程兵旅 　　第 28 工程（舟桥）旅 　　第 2 特种任务旅

第 16 近卫特种任务旅 　　独立第 27 三防旅 　　第 1060 后勤中心 　　独立第 132 通信旅

独立第 119 通信旅 　　第 5 维修和疏散团 　　某工兵团（扫雷）

独立第 100 支援团 　　独立第 45 工程伪装团 　　独立第 609 汽车营

· 73 ·

第 29 铁路旅

第 29 铁路旅
第 22 铁路轨道营

第 29 铁路旅
第 130 铁路桥梁营

第 29 铁路旅
第 203 机械化铁路营

第 29 铁路旅
第 684 铁路浮桥营

第 34 铁路旅

第 34 铁路旅
第 230 铁路轨道营

第 34 铁路旅
第 248 铁路桥梁营

第 34 铁路旅
第 571 机械化铁路营

第 34 铁路旅
第 681 铁路浮桥营

第 34 铁路旅
第 491 铁路轨道营

第一部分　俄联邦武装力量标识

第34铁路旅 第499铁路轨道营	第38铁路旅	第38铁路旅 第290铁路浮桥营
第467训练中心（坦克）	第467训练中心 第522近卫坦克训练团	第467训练中心 第523近卫摩步训练团
第467训练中心 第44近卫坦克训练团	第467训练中心 第419近卫摩步训练团	第467训练中心 第422防空训练团
第467训练中心 第123近卫炮兵训练团	第467训练中心 独立第475通信训练营	第467训练中心 独立第852汽车训练营

· 75 ·

第 56 训练中心（摩步）	第 56 训练中心 第 44 坦克训练团
第 56 训练中心 某坦克训练团	第 56 训练中心 某摩步训练团
第 56 训练中心 某摩步训练团	第 56 训练中心 防空训练团
第 56 训练中心 通信训练营	第 56 训练中心 汽车训练营
第 210 工兵训练中心	第 1084 电子对抗训练中心
莫斯科卫戍司令部	莫斯科卫戍司令部 第 1 步兵团
莫斯科卫戍司令部 第 154 指挥军官团	莫斯科卫戍司令部 第 449 礼宾炮团

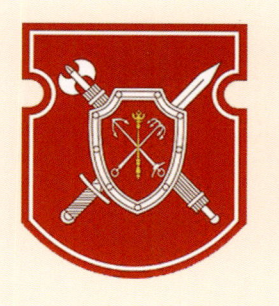

第一部分　俄联邦武装力量标识

西部军区宪兵营 　　第90搜救营 　　西部军区第1204计量中心　　西部军区兵役动员部门

驻德涅斯特河沿岸地区战役集群徽章 　　驻德涅斯特河沿岸地区战役集群臂章

南部军区陆军

1. 第8近卫诸兵种合成集团军

第8近卫诸兵种合成集团军于2017年2月组建，司令部驻地为罗斯托夫州的新切尔卡斯克。

第8近卫集团军徽章 　　第8近卫集团军臂章

· 77 ·

第 8 近卫集团军　　　　第 8 近卫集团军　　　　第 8 近卫集团军　　　　第 8 近卫集团军
第 133 指挥旅　　　　　第 464 导弹旅　　　　　第 238 炮兵旅（版本 1）　第 238 炮兵旅（版本 2）

第 8 近卫集团军　　　　第 8 近卫集团军　　　　第 8 近卫集团军
第 78 防空导弹旅　　　　第 33 近卫工兵团　　　　第 39 三防团

第 8 近卫集团军　　　　第 8 近卫集团军　　　　第 8 近卫集团军
技侦营　　　　　　　　第 512 电子对抗营　　　　第 57 特殊任务营

第 8 近卫诸兵种合成集团军第 150 摩步师是于 2016 年在原第 33 山地摩步旅的基础上扩编组建的。

第 8 近卫集团军　　　　　　　　　第 8 近卫集团军
第 150 摩步师徽章　　　　　　　　第 150 摩步师臂章

· 78 ·

第一部分　俄联邦武装力量标识

第 150 摩步师
第 174 侦察营

第 150 摩步师
第 228 通信营

第 150 摩步师
第 224 反坦克营

第 150 摩步师
第 539 工兵营

第 150 摩步师
第 152 物资保障营

第 150 摩步师
第 195 医疗营

第 150 摩步师
第 102 摩步团

第 150 摩步师
第 103 摩步团

第 150 摩步师
第 68 坦克团

第 150 摩步师
第 163 坦克团

第 150 摩步师
第 933 防空团

第 150 摩步师
第 381 近卫自行火炮团

第 150 摩步师
第 381 近卫自行火炮团医疗营

· 79 ·

第 8 近卫诸兵种合成集团军第 20 近卫摩步师在原第 20 摩步旅的基础上于 2021 年 9 月中旬在伏尔加格勒组建。

第 8 近卫集团军	第 8 近卫集团军	第 8 近卫集团军
第 20 近卫摩步师徽章	第 20 近卫摩步师臂章	原第 20 近卫摩步旅

第 20 近卫摩步师	第 20 近卫摩步师	第 20 近卫摩步师	第 20 近卫摩步师
第 33 近卫摩步团	第 255 近卫摩步团	第 358 防空导弹团	第 944 自行火炮团

2. 第 49 诸兵种合成集团军

第 49 诸兵种合成集团军成立于 1941 年 8 月，第二次世界大战后撤编。1990 年在第 12 步兵军基础上重新组建该集团军，1995 年缩编为第 67 步兵军，2010 年撤编。2011 年重建，司令部驻地为斯塔夫罗波尔边疆区斯塔夫罗波尔市。

第 49 集团军徽章 　　　　　　　　　　第 49 集团军臂章

第一部分　俄联邦武装力量标识

第 49 集团军
独立第 66 指挥旅

第 49 集团军
独立第 34 山地摩步旅

第 49 集团军
第 227 炮兵旅（版本 1）

第 49 集团军
第 227 炮兵旅（版本 2）

第 49 集团军
第 1 近卫导弹旅

第 49 集团军
第 90 防空旅

第 49 集团军
第 99 物资技术保障旅

第 49 集团军
第 32 工兵团

第 49 集团军
第 17 三防团

第 49 集团军
独立第 19 特种任务营

第 49 集团军
独立第 217 技侦营

第 49 集团军
独立第 95 电子对抗营

第 49 集团军
维修与恢复营

· 81 ·

第 49 诸兵种合成集团军独立第 7 军事基地原为第 58 集团军第 131 摩步旅，2009 年 2 月 1 日改编为第 7 军事基地，驻阿布哈兹古达乌塔，相当于一个摩步旅建制。

第 49 集团军
独立第 7 军事基地徽章

第 49 集团军
独立第 7 军事基地臂章

3. 第 58 诸兵种合成集团军

第 58 诸兵种合成集团军最早成立于 1941 年 11 月，1943 年 10 月撤编。1995 年 6 月在第 42 步兵军基础上组建该集团军，司令部驻地为北奥塞梯-阿兰共和国的弗拉季高加索市。

第 58 集团军徽章

第 58 集团军臂章

第 58 集团军
独立第 34 指挥旅

第 58 集团军
独立第 100 侦察旅

第 58 集团军
独立第 136 近卫摩步旅

第 58 集团军
第 205 摩步旅

第一部分　俄联邦武装力量标识

第 58 集团军
第 33 山地摩步旅

第 58 集团军
第 67 防空旅

第 58 集团军
第 291 炮兵旅

第 58 集团军
第 12 导弹旅

第 58 集团军
独立第 49 空降旅

第 58 集团军
独立第 78 物资技术保障旅

第 58 集团军
第 943 火箭炮团

第 58 集团军
第 31 工兵团

第 58 集团军
第 40 三防团

第 58 集团军
第 74 技侦团

第 58 集团军
独立第 14 电子对抗营

第 58 集团军
特殊任务营

· 83 ·

2024年1月25日，俄联邦总统签署第69号令和第70号令，授予摩步兵第1429团和摩步兵第1430团"近卫"称号。这两个团是俄罗斯通过部分动员令组建的部队，兵源基本来自莫斯科市和莫斯科州。

第58集团军
第1429近卫摩步团

第58集团军
第1430近卫摩步团

第58集团军
第17摩步旅
（整编组建第42摩步师）

第58集团军
第19摩步旅
（整编组建第19摩步师）

第58集团军第19摩步师第693摩步团于2009年2月1日扩编为第4近卫军事基地，驻南奥塞梯的茨欣瓦利和扎瓦。从标识形制上看，它相当于一个摩步旅。

第58集团军
第4近卫军事基地徽章

第58集团军
第4近卫军事基地臂章

第一部分　俄联邦武装力量标识

第 58 诸兵种合成集团军第 42 近卫摩步师于 2016 年，在车臣地区原第 8、第 17、第 18 摩步旅的基础上扩编重建。

第 58 集团军
第 42 近卫摩步师徽章

第 58 集团军
第 42 近卫摩步师臂章

第 42 近卫摩步师
独立第 478 通信营

第 42 近卫摩步师
第 417 侦察营

第 42 近卫摩步师
第 474 物资支援营

第 42 近卫摩步师
第 245 防空导弹营

第 42 近卫摩步师
工兵营

第 42 近卫摩步师
第 106 医疗营

第 42 近卫摩步师
第 70 近卫摩步团

第 42 近卫摩步师
第 71 摩步团

第 42 近卫摩步师
第 291 近卫摩步团

第 42 近卫摩步师
第 1203 防空导弹团

第 42 近卫摩步师
第 150 山地自行火炮团

· 85 ·

第58诸兵种合成集团军第19摩步师，是在该集团军第19摩步旅的基础上，于2020年6月扩编组建的。

第58集团军
第19摩步师徽章

第58集团军
第19摩步师臂章

第19摩步师
第503摩步团

第19摩步师
第481防空导弹团

第19摩步师
第135医疗营

4. 第18诸兵种合成集团军

第18诸兵种合成集团军成立于2023年9月，以第70摩步师为基础组建。从网上收集的标识可以看出，该集团军驻地为斯塔夫罗波尔边疆区。

第18集团军徽章

第18集团军臂章

第一部分　俄联邦武装力量标识

5. 南部军区陆军直属

独立第175指挥旅	 独立第19电子对抗旅	独立第439近卫火箭炮旅	 独立第28三防旅
第40导弹旅	 第77防空旅	 独立第10近卫特种任务旅	 独立第346特殊任务旅
 独立第154技侦旅	 独立第25特种任务团		第11近卫工程旅
 第214工兵旅（扫雷）	 第10维修疏散团		 第90工兵团（扫雷）

· 87 ·

独立第22近卫特种任务旅	第22旅无人机营	第22旅无线电通信营	第22旅狙击手步枪营

第22旅第108特战营	第22旅第173特战营	第22旅第411特战营	第22旅第788特战营

第102军事基地历经第261步兵师、37步兵师、127摩步师等番号，1994年6月改编为第102军事基地，驻亚美尼亚的久姆里市。从标识形制和编制上看，这是一个师级建制。

第8近卫集团军 第102军事基地徽章	第8近卫集团军 第102军事基地臂章

第102军事基地 第628通信营	第102军事基地 第772侦察营	第102军事基地 第66反坦克炮兵营	第102军事基地 第626三防营

第一部分　俄联邦武装力量标识

第 102 军事基地
第 550 工兵营

第 102 军事基地
第 566 无线电技术营

第 102 军事基地
第 123 近卫摩步团

第 102 军事基地
第 124 摩步团

第 102 军事基地
第 128 摩步团

第 102 军事基地
第 116 坦克团

第 102 军事基地
第 988 防空导弹团

第 102 军事基地
第 993 自行火炮团

第 102 军事基地
第 3624 航空基地

第 37 铁路旅

第 37 铁路旅
第 8 铁路桥梁营

第 37 铁路旅
第 132 铁路维修营

· 89 ·

第 37 铁路旅
第 137 铁路轨道营

第 37 铁路旅
第 207 机械化铁路营

第 37 铁路旅
第 333 铁路浮桥营

第 37 铁路旅
第 139 铁路修理营

第 37 铁路旅
第 515 铁路轨道营

第 37 铁路旅
第 689 铁路浮桥营

第 39 铁路旅

第 39 铁路旅
第 97 铁路轨道营

第 39 铁路旅
第 211 机械化铁路营

第 39 铁路旅
第 242 铁路桥梁营

第 39 铁路旅
第 630 铁路轨道营

第 39 铁路旅
第 109 铁路浮桥营

第一部分 俄联邦武装力量标识

独立第 66 汽车营

南部军区宪兵营

南部军区
对外军事情报交流中心

南部军区
第 1205 计量中心

南部军区兵役动员部门

> 中部军区陆军

1. 第 2 近卫诸兵种合成集团军

第 2 近卫诸兵种合成集团军的前身是 1944 年 11 月 20 日组建的第 2 近卫坦克集团军，1993 年 9 月改编为第 2 近卫集团军，1999 年撤编。2001 年 9 月重建，集团军司令部驻地为萨马拉市。

第 2 近卫集团军徽章

第 2 近卫集团军臂章

· 91 ·

第 2 近卫集团军
独立第 91 指挥旅

第 2 近卫集团军
独立第 15 近卫摩步旅

第 2 近卫集团军
独立第 21 近卫摩步旅

第 2 近卫集团军
第 23 近卫摩步旅（整编）

第 2 近卫集团军
独立第 30 近卫摩步旅

第 2 近卫集团军
第 385 近卫炮兵旅

第 2 近卫集团军
第 92 导弹旅

第 2 近卫集团军
第 297 防空导弹旅

第 2 近卫集团军
独立第 105 物资技术保障旅

第 2 近卫集团军
第 950 火箭炮团

第 2 近卫集团军
独立第 2 三防团

第 2 近卫集团军
第 39 工兵团

第 2 近卫集团军
独立第 234 技侦营

第 2 近卫集团军
独立第 53 电子对抗营

· 92 ·

2. 第41诸兵种合成集团军

第41诸兵种合成集团军组建于1941年，战斗后成为预备役集团军，1998年12月转为现役。

第41集团军徽章

第41集团军臂章

第41集团军
独立第35指挥旅

第41集团军
独立第35近卫摩步旅

第41集团军
独立第55山地摩步旅

第41集团军
独立第74近卫摩步旅

第41集团军
第120近卫炮兵旅

第41集团军
第61防空导弹旅

第41集团军
第119导弹旅

第41集团军
独立第106物资技术保障旅

第41集团军
独立第10三防团

第41集团军
第40工兵团

第 41 集团军 特殊任务营	第 41 集团军 独立第 236 技侦营	第 41 集团军 第 32 摩步旅 （整编为第 90 坦克师）

第 41 诸兵种合成集团军第 90 坦克师成立于 2016 年，在切巴库尔原第 7 坦克旅和新西伯利亚第 32 摩步旅的基础上扩编重建。

第 41 集团军 第 90 坦克师徽章	第 41 集团军 第 90 坦克师臂章

第 90 坦克师 独立第 30 侦察营	第 90 坦克师 独立第 33 近卫通信营	第 90 坦克师 第 122 近卫工兵营	第 90 坦克师 独立第 26 医疗营

第 90 坦克师 第 80 坦克团	第 90 坦克师 第 239 近卫坦克团	第 90 坦克师 第 228 摩步团

第一部分　俄联邦武装力量标识

第 90 坦克师
第 400 自行火炮团

第 90 坦克师
第 288 近卫防空导弹团

3. 第 25 诸兵种合成集团军

第 25 诸兵种合成集团军于 2023 年 9 月组建。目前，该集团军信息较少，根据模糊的图片，本书对其标识进行了相应的处理。

第 25 集团军徽章

第 25 集团军臂章

第 25 集团军
第 11 坦克旅

第 25 集团军
第 164 摩步旅

第 25 集团军
第 169 摩步旅

第 25 集团军
第 26 指挥旅

第 25 集团军
第 73 炮兵旅

第 25 集团军
第 157 物资技术保障旅

· 95 ·

俄联邦军事力量标识图鉴

第 25 集团军
第 20 工兵营

第 25 集团军
第 149 技术维修营

第 25 集团军
第 67 摩步师徽章

第 25 集团军
第 67 摩步师臂章

第 67 摩步师
第 189 侦察营

第 67 摩步师
第 349 通信营

第 67 摩步师
第 345 反坦克炮兵营

第 67 摩步师
第 416 工兵营

第 67 摩步师
第 482 防空导弹营

第 67 摩步师
第 28 医务营

第 67 摩步师
第 28 后勤营

· 96 ·

第一部分　俄联邦武装力量标识

| 第 67 摩步师
第 19 坦克团 | 第 67 摩步师
第 31 摩步团 | 第 67 摩步师
第 36 摩步团 |

| 第 67 摩步师
第 37 摩步团 | 第 67 摩步师
第 83 炮兵团 |

4. 中部军区陆军直属

| 独立第 59 指挥旅 | 独立第 179 通信旅 | 第 7 近卫坦克旅
（整编入第 90 坦克师） | 独立第 18 电子对抗旅 |

| 第 232 火箭炮旅 | 独立第 29 三防旅 | 独立第 1 机动三防旅 | 独立第 12 近卫工兵旅 |

· 97 ·

俄联邦军事力量标识图鉴

独立第 3 近卫特种任务旅 　　　独立第 24 特种任务旅 　　　独立第 39 技侦旅

第 1602 物资技术保障中心 　　第 24 维修和疏散团 　　第 2544 技术基地 　　独立第 84 维修恢复营

第 28 防空导弹旅 　　　第 28 防空导弹旅
　　　　　　　　　　第 73 防空导弹营

第 28 防空导弹旅
第 104 防空导弹营

第 201 摩步师 2004 年改编为第 201 军事基地，驻塔吉克斯坦共和国的杜尚别。从标识形制和编制上看，它相当于摩步师建制。

第 41 集团军
第 201 军事基地徽章

第 41 集团军
第 201 军事基地臂章

· 98 ·

第一部分　俄联邦武装力量标识

第 201 军事基地
第 92 摩步团

第 201 军事基地
第 149 近卫摩步团

第 201 军事基地
第 191 近卫摩步团

第 201 军事基地
电子对抗营

独立第 5 铁路旅

第 5 铁路旅
第 78 机械化铁路营

第 5 铁路旅
第 121 铁路浮桥营

第 5 铁路旅
第 245 铁路轨道营

第 5 铁路旅
第 556 铁路桥梁营

第 5 铁路旅
第 497 铁路维修营

第 5 铁路旅
第 325 铁路维修营

独立第 43 铁路旅

第 43 铁路旅
第 83 铁路轨道营

第 43 铁路旅
第 576 机械化铁路营

第 43 铁路旅
第 595 铁路维修营

· 99 ·

俄联邦军事力量标识图鉴

独立第48铁路旅

第48铁路旅
第81铁路轨道营

第48铁路旅
第400铁路桥梁营

第48铁路旅
第459铁路浮桥营

第48铁路旅
第573机械化铁路营

第473训练中心

第473训练中心
第32坦克训练团

第473训练中心
第140摩步训练团

第473训练中心
第225摩步训练团

中部军区宪兵营

中部军区
对外军事信息交流中心

中部军区
第1206计量中心

中部军区兵役动员部门

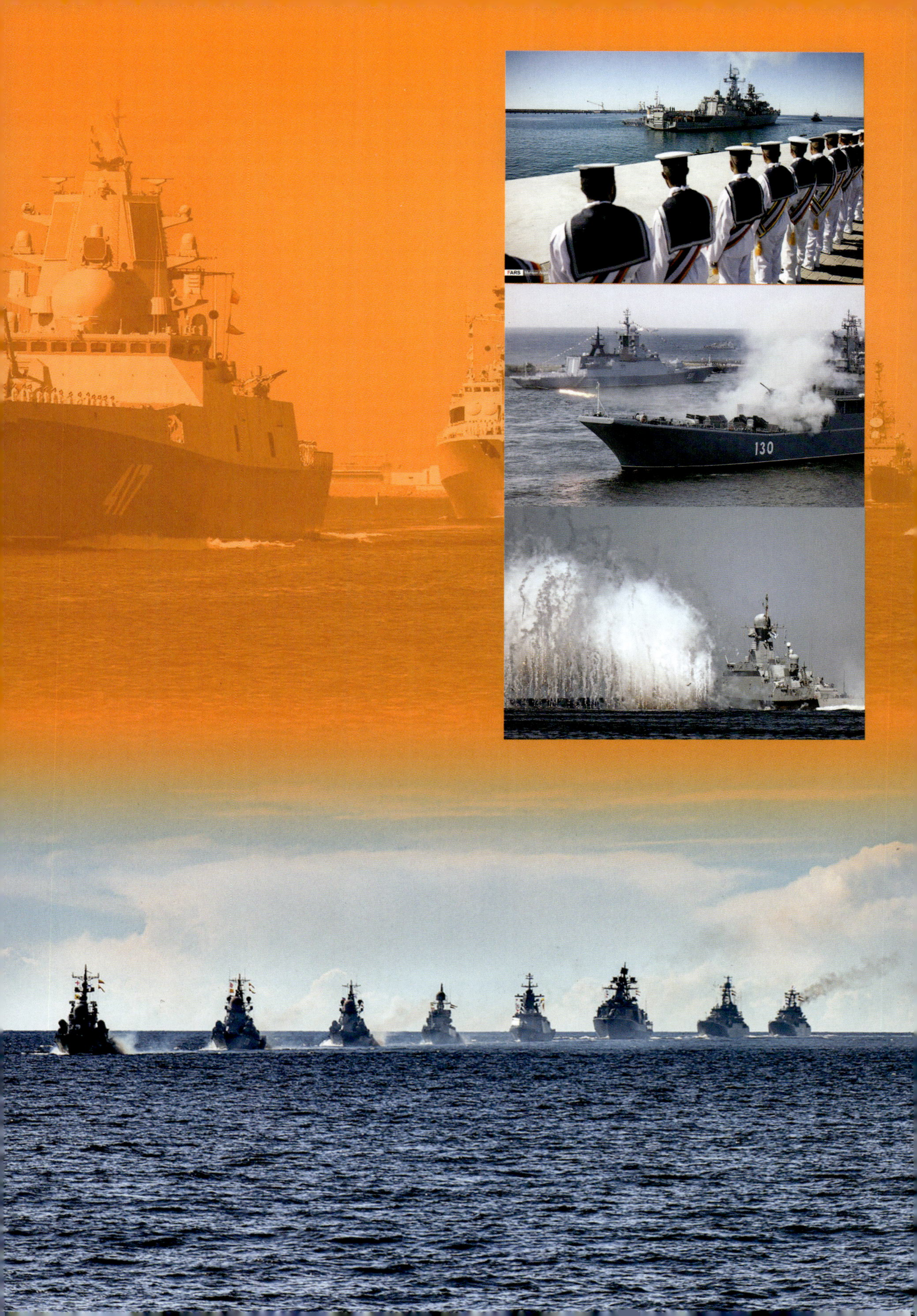
130

四 海军

　　1695年，沙俄建立了亚速海舰队，这也是俄罗斯海军的起源。1703年5月，波罗的海舰队成立。1722年11月，里海区舰队成立。1783年5月，黑海舰队成立。1932年4月，太平洋舰队成立。1933年6月，北方舰队成立。至此，俄海军已基本形成了当前海军的舰队分布格局。其间，俄军于1906年成立潜艇部队，1916年成立海军航空兵部队，1930年成立海军岸防部队和防空部。苏联时期，苏联海军成为世界上的海上强国。苏联解体后，俄罗斯继承了苏联海军80%的力量，于1992年成立俄罗斯海军。

　　2008年，在"新面貌"改革期间，除核力量之外，海军各舰队转隶于四大军区，成立潜艇司令部。舰队航空兵部分交给空军后，成立了航空兵基地。2013年以来，舰队、区舰队的辖区重新划分，航空兵恢复了师团建制。在北方舰队、波罗的海舰队、黑海舰队编设海军陆战军、摩步师（旅）、陆战旅（团）等岸防力量。当前，俄海军按照海军司令部、舰队、区舰队、舰艇总队/支队、海军基地、水警区的组织结构运行，主要由水面舰艇兵、潜艇兵、海军航空兵、岸防导弹炮兵、海军陆战队、防空导弹炮兵、雷达兵等兵种构成。

　　俄海军军旗为白色背景下对角交叉的蓝色条纹，该旗帜继承于沙俄海军军旗，被称为"圣安德烈十字旗"。海军每个舰队/区舰队在标识设计上具有一个主元素，如北方舰队是带有极光的北极星、太平洋舰队是海面上升起的太阳、里海区舰队是皇冠加弯刀等。其下辖部队的标识中都体现了上述元素，这为从标识上区分该部队隶属带来了便利。需要说明的是，俄海军力量构成较为复杂，网络上发布的各种标识图片不多，而且比较凌乱。因此，这是本书标识收集最为困难的一部分，其中我们对很多标识进行了推测和处理，希望有兴趣的读者也可自行探究辨识。

| 海军军徽 | 海军军旗 | 海军司令部徽章 |

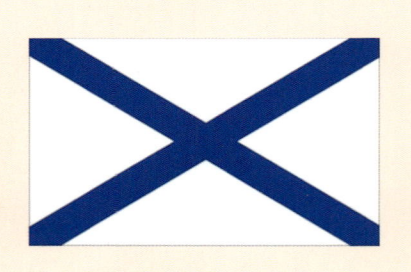

第一部分　俄联邦武装力量标识

海军总司令旗帜	海军参谋长旗帜
舰队司令旗帜	分舰队司令旗帜
任务编队司令旗帜	海军近卫旗帜
海军航空兵旗帜	海军陆战队旗帜
搜救船旗帜	辅助舰艇旗帜

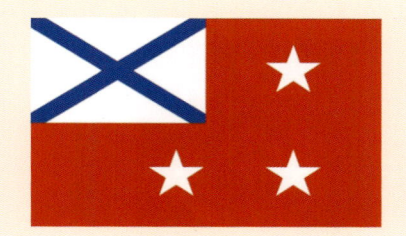

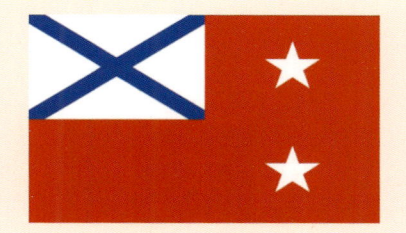

· 103 ·

北方舰队

北方舰队的前身是 1916 年 7 月成立的北冰洋区舰队。十月革命后，苏联于 1933 年 6 月在北冰洋区舰队的基础上组建北方区舰队，1937 年 5 月 11 日改编为北方舰队。舰队司令部驻地为北莫尔斯克，主要基地有北莫尔斯克、加吉耶沃、西利察湾、摩尔曼斯克、波利亚尔内、北德文斯克等。

北方舰队徽章 　　　　　　　　北方舰队臂章

1. 北方舰队潜艇司令部

潜艇司令部徽章（集团军级） 　　潜艇司令部臂章（集团军级）

第 7 核潜艇总队（师级） 　　第 11 核潜艇总队（师级）

第一部分　俄联邦武装力量标识

第 24 核潜艇总队（师级） 　　　　　第 31 潜艇总队（师级）

独立第 29 深水潜艇支队（旅级） 　　第 339 潜艇建造与维修支队（旅级）

2. 北方舰队科拉区舰队

科拉区舰队徽章（集团军级） 　　　　科拉区舰队臂章（集团军级）

科拉区舰队
第 14 反潜舰支队徽章　　　　　　　科拉区舰队
　　　　　　　　　　　　　　　　　第 14 反潜舰支队臂章

· 105 ·

科拉区舰队
第121登陆舰支队

科拉区舰队
第7水警区舰艇支队

科拉区舰队
第161潜艇支队

科拉区舰队
第152反水下破坏
兵力兵器中队

3. 北方舰队第43导弹舰总队

第43导弹舰总队徽章（师级）

第43导弹舰总队臂章（师级）

4. 北方舰队白海海军基地

白海海军基地徽章（集团军级）

白海海军基地臂章（集团军级）

5. 北方舰队第 14 海军陆战军

北方舰队第 14 海军陆战军成立于 2017 年 4 月，其主要任务是在北极地区执行军事行动，军司令部驻地为摩尔曼斯克。

第 14 海军陆战军徽章

第 14 海军陆战军臂章

第 14 海军陆战军
独立第 61 海军陆战旅

第 14 海军陆战军
独立第 200 摩步旅
正扩编为第 71 海军陆战师

第 14 海军陆战军
独立第 80 北极摩步旅

第 14 海军陆战军
独立第 58 指挥营

第 14 海军陆战军
第 536 海岸导弹炮兵旅

第 536 海岸导弹炮兵旅
第 2609 导弹炮兵营

第 536 海岸导弹炮兵旅
第 1610 导弹炮兵营

6. 北方舰队直属部队

第 100 舰载歼击航空兵团  　　　　　　第 279 舰载歼击航空兵团

独立第 830 反潜直升机团  　　　　　　第 186 独立电子对抗中心

第 180 海军工程团 　　　　　　　　　第 518 侦察船大队

第 741 通信中心 　　　　　　　　　　第 701 物资技术保障中心

第一部分　俄联邦武装力量标识

第 344 长波通信站 　　　　　　　第 1469 海军临床医院

独立第 85 技侦团 　　电磁频谱管控中队 　　第 2 特种无线电技术中队 　　独立第 420 海军特种侦察站

太平洋舰队

太平洋舰队的前身是 1731 年俄罗斯帝国组建的鄂霍茨克海区舰队，1856 年被改编为西伯利亚区舰队。经过 1904 年日俄战争及 1906 年国内战争和外国武装干涉，俄罗斯帝国在远东的海上力量基本覆灭。1932 年 4 月 12 日，苏联重建远东海军，1935 年 1 月 11 日正式成立太平洋舰队，驻地为符拉迪沃斯托克（海参崴），主要海军基地有符拉迪沃斯托克、福基诺、彼得罗巴普洛夫斯克、维柳钦斯克、苏维埃港、科尔萨科夫等。

太平洋舰队徽章 　　　　　　　　太平洋舰队臂章

· 109 ·

1. 太平洋舰队潜艇司令部

潜艇司令部徽章（集团军级） 　　　　　潜艇司令部臂章（集团军级）

第 10 核潜艇总队（师级）  　　　　　　第 25 核潜艇总队（师级）

2. 太平洋舰队东北联合军队集团

东北联合军队集团徽章 　　　　　　　东北联合军队集团臂章

东北联合军队集团　　东北联合军队集团　　东北联合军队集团　　东北联合军队集团
第 114 水警区支队　　独立第 40 海军陆战旅　第 520 海岸导弹炮兵旅　第 311 反水下破坏兵力兵器中队

第一部分　俄联邦武装力量标识

东北联合军队集团第 53 防空师 　　　第 53 防空师　　　　　　第 53 防空师
　　　　　　　　　　　　　　　　第 1532 防空导弹团　　　　第 60 无线电技术团

3. 太平洋舰队滨海区舰队

滨海区舰队（集团军级）　　　　　　滨海区舰队第 36 水面舰艇总队（师级）

滨海区舰队　　　　　　　滨海区舰队　　　　　　　滨海区舰队
第 100 登陆舰支队　　　　第 165 水面舰艇支队　　　第 19 潜艇支队

滨海区舰队　　　　　　　　　　　　滨海区舰队
第 4 潜艇建造维修支队　　　　　　　第 79 救援船中队

· 111 ·

4. 太平洋舰队直属部队

独立第 75 海岸导弹旅　　第 72 潜艇建造维修支队　　独立第 72 海岸导弹团　　某三防团

第 7062 航空兵基地　　第 856 歼击航空兵团　　独立第 71 军事运输中队

第 155 海军陆战旅
正扩编为第 55 海军步兵师

第 155 海军陆战旅
独立第 263 海军侦察营

第 155 海军陆战旅
独立第 47 空中突击营

第 155 海军陆战旅
独立第 59 海军陆战营

第 155 海军陆战旅
第 287 榴弹炮营

第 155 海军陆战旅
独立第 288 防空导弹营

第一部分　俄联邦武装力量标识

第 4 特种无线电中队 　　　第 5 特种无线电中队 　　　独立第 186 海军工程营

第 474 无线电子对抗中心 　第 8 海军训练中心 　　　　第 389 特种海上侦察站

航道测量勤务区  　　　　　　第 1477 海军临床医院

黑海舰队

1784 年，俄罗斯帝国在黑海沿岸的塞瓦斯托波尔开始建设港口设施。1785 年，沙皇叶卡捷琳娜二世批准建立黑海舰队，这是俄罗斯帝国当时的第二支海上力量。黑海舰队司令部驻地为塞瓦斯托波尔，主要基地为塞瓦斯托波尔基地、新罗西斯克基地、新湖港基地。

黑海舰队徽章 　　　　　　　黑海舰队臂章

· 113 ·

1. 黑海舰队新罗西斯克海军基地

新罗西斯克海军基地徽章（军级） 　　新罗西斯克海军基地臂章（军级）

新罗西斯克海军基地　　新罗西斯克海军基地　　新罗西斯克海军基地
第 184 水警区支队　　独立第 4 潜艇支队　　第 11 岸防导弹炮兵旅

第 11 岸防导弹炮兵旅　　　　第 11 岸防导弹炮兵旅
第 25 岸防导弹营　　　　　　第 28 岸防导弹营

2. 黑海舰队克里米亚海军基地

克里米亚海军基地徽章（军级） 　　克里米亚海军基地臂章（军级）

第一部分　俄联邦武装力量标识

克里米亚海军基地
第 68 水警区支队

克里米亚海军基地
第 197 登陆舰支队

克里米亚海军基地
第 102 反水下破坏
兵力兵器中队

克里米亚海军基地
第 205 保障船支队

克里米亚海军基地
第 41 导弹艇支队

3. 黑海舰队第 30 水面舰艇总队

该水面舰艇总队的前身是 1969 年 3 月 31 日成立的海军黑海舰队反潜舰第 5 师。1969 年 4 月 7 日，该师更名为第 30 反潜师。随着舰船的补充，1970 年 6 月 1 日，该师之下成立第 11 反潜舰旅，1970 年 12 月 30 日，又成立了反潜舰第 70 旅。2011 年该总队解散，但第 11 反潜舰支队还存在，2014 年该总队重新成立，第 11 反潜舰支队撤编，所属舰艇被整合进第 30 水面舰艇总队。

第 30 水面舰艇总队徽章

第 30 水面舰艇总队臂章

第 30 水面舰艇总队
第 11 反潜舰支队（撤编）

· 115 ·

4. 黑海舰队第 22 海军陆战军

该部队的前身是苏联时期敖德萨军区驻克里米亚的第 32 海军陆战军，2003 年撤编。2016 年，有消息称俄联邦武装力量准备恢复第 32 海军陆战军，但 2017 年 2 月 10 日，第 22 海军陆战军成立，司令部驻地为克旦米亚辛菲罗波尔。

第 22 海军陆战军徽章

第 22 海军陆战军臂章

第 22 海军陆战军
第 127 侦察旅

第 22 海军陆战军
独立第 126 海防旅

第 22 海军陆战军
独立第 15 海岸火箭炮旅

第 22 海军陆战军
独立第 8 炮兵团

第 22 海军陆战军
独立第 1096 防空导弹团

第 22 海军陆战军
独立第 224 指挥营

第 22 海军陆战军
独立第 32 三防营

第 22 海军陆战军
独立工兵营

第一部分　俄联邦武装力量标识

第 22 海军陆战军
第 810 海军陆战旅

第 810 海军陆战旅
独立第 382 海军陆战营

第 810 海军陆战旅
独立第 557 海军陆战营

第 810 海军陆战旅
第 542 两栖突击营

第 810 海军陆战旅
独立第 546 自行火炮营

第 810 海军陆战旅
独立第 547 防空导弹营

5. 黑海舰队直属部队

7057 航空兵基地

第 25 反潜直升机团

· 117 ·

无线电工程中队	第 85 航空引导通信中队
通信中心	独立第 475 电子对抗中心
第 785 物质技术保障中心	舰队水文测量勤务区	第 3 特种无线电支队	第 388 特种海上侦察站
第 1229 侦察中心	独立第 4 三防团	独立第 68 海军工程团

第一部分　俄联邦武装力量标识

第 13 造船厂　　　　　　　　核武器支援中心

第 15 海军船员中心　　　　　救生员培训中心

黑海舰队歌舞团　　　　　　黑海舰队综合医院

波罗的海舰队

波罗的海舰队始建于 1703 年 8 月，由彼得一世创建，是沙俄第一支海上力量，司令部驻地为加里宁格勒，部队主要分布在加里宁格勒和圣彼得堡，主要基地有波罗的斯克、圣彼得堡、喀琅施塔得等。舰队航空兵主要分布于切尔尼亚霍夫斯克、切卡洛夫斯基、赫拉布罗沃等机场。

波罗的海舰队徽章 　　　　　波罗的海舰队臂章

· 119 ·

1. 波罗的海舰队波罗的斯克海军基地

波罗的斯克海军基地徽章（军级） 　　　波罗的斯克海军基地臂章（军级）

波罗的斯克海军基地	波罗的斯克海军基地	波罗的斯克海军基地	波罗的斯克海军基地
第128水面舰艇支队	第36导弹艇支队	第71登陆舰支队	第64水警区舰艇支队

2. 波罗的海舰队列宁格勒海军基地

列宁格勒海军基地徽章（军级） 　　　列宁格勒海军基地臂章（军级）

列宁格勒海军基地　　　列宁格勒海军基地　　　列宁格勒海军基地
第105水警区舰艇支队　第115舰艇建造和维修大队　独立第4潜艇支队

第一部分　俄罗斯联邦武装力量标识

列宁格勒海军基地
反水下破坏兵力兵器中队

列宁格勒海军基地
某通信枢纽部

3. 波罗的海舰队第 11 海军陆战军

第 11 海军陆战军徽章

第 11 海军陆战军臂章

第 11 海军陆战军
第 244 近卫岸防炮兵旅

第 11 海军陆战军
独立第 152 近卫导弹旅

第 11 海军陆战军
第 7 近卫摩步团

第 11 海军陆战军
第 22 近卫防空导弹团

第 11 海军陆战军
第 336 近卫海军陆战旅徽章

第 11 海军陆战军
第 336 近卫海军陆战旅臂章

第 336 近卫海军陆战旅 通信营	第 336 近卫海军陆战旅 独立第 877 海军陆战营	第 336 近卫海军陆战旅 独立第 879 空降突击营
第 336 近卫海军陆战旅 第 1592 火箭炮营	第 336 近卫海军陆战旅 独立第 1612 自行火炮营	第 336 近卫海军陆战旅 独立第 1618 防空导弹营

2021 年 3 月，第 18 摩步师在第 79 近卫摩步旅的基础上扩编组建。

第 11 海军陆战军 第 18 摩步师徽章	第 11 海军陆战军 第 18 摩步师臂章	独立第 79 近卫摩步旅

第 18 摩步师 第 11 坦克团	第 18 摩步师 第 29 炮兵团	第 18 摩步师 独立侦察营	第 18 摩步师 独立第 898 后勤营

4. 波罗的海舰队第 44 防空师

第 44 防空师徽章

第 44 防空师臂章

第 44 防空师
第 183 近卫防空导弹团

第 44 防空师
第 1545 防空导弹团

第 44 防空师
第 81 雷达团

5. 波罗的海舰队直属部队

第 702 物资技术保障中心

独立第 69 海军工程团

独立第 25 海岸导弹团

第 841 电子对抗中心

第 34 海军航空兵师

第 689 歼击航空兵团

第 396 混合直升机团

第 4 近卫轰炸机航空兵团

· 123 ·

某航道测量勤务区 　　第1特种无线电技术中队 　　独立第328电子对抗营 　　第742舰队通信中心

第299海军陆战训练中心  　　　　　　　　　第9海军训练中心

里海区舰队

里海区舰队最早可追溯至18世纪，是彼得大帝在俄国里海西北海岸的阿斯特拉罕州建立的一支舰队。1918年，该舰队改名为阿斯特拉罕-里海区舰队；1919年7月，该舰队又与伏尔加河舰队合并为伏尔加-里海区舰队；1931年6月，舰队名称又被改回里海区舰队。目前，司令部驻地为马哈奇卡拉，主要基地有阿斯特拉罕、马哈奇卡拉基地和卡皮斯科港。该舰队规模较小，作战时可编为里海战役司令部，由黑海舰队指挥。

里海区舰队徽章 　　　　　　　　　　里海区舰队臂章

第一部分　俄罗斯联邦武装力量标识

1. 里海区舰队舰艇支队

里海区舰队
第 106 水警区舰艇支队

第 106 水警区舰艇支队
第 137 反水下破坏兵力兵器中队

里海区舰队
第 73 水警区舰艇支队

2. 里海区舰队岸防部队

独立第 177 海军陆战团

独立第 177 海军陆战团
独立第 414 海军陆战营

独立第 177 海军陆战团
独立第 727 海军陆战营

独立第 177 海军陆战团
某岸防导弹营
（佩戴于迷彩服上）

3. 里海区舰队直属部队

第 596 通信中心

第 43 航道测量勤务区

第 6 特种无线电技术中队

· 125 ·

其他海军单位

海上作战指挥中心

第859飞行员战斗使用
和训练中心

第859飞行员战斗使用和训练中心
第190混合航空训练团

海军搜索和救援行动局

海军长波通信中心

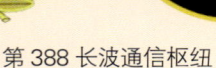

第388长波通信枢纽

第43长波通信枢纽

导航和海洋局

第一部分　俄罗斯联邦武装力量标识

独立第 1643 警卫营 　　　　　　　　第 907 海军综合训练中心

第 318 特种无线电支队 　　第 144 特种信息处理与分析中心　　海军建设作战战略研究 　　救援和水下技术研究

部分舰艇

"库兹涅佐夫海军上将"号航空母舰　　"纳希莫夫上将"号核动力导弹巡洋舰　　"彼得大帝"号核动力导弹巡洋舰　　"乌斯季诺夫元帅"号导弹巡洋舰

"莫斯科"号导弹巡洋舰　　"乌沙科夫海军上将"号驱逐舰　　"无畏"号驱逐舰

· 127 ·

俄联邦军事力量标识图鉴

"哈尔拉莫夫海军上将"号
驱逐舰

"库拉科夫海军中将"号
反潜驱逐舰

"列夫琴科海军上将"号
反潜驱逐舰

"乌达洛伊"号
反潜驱逐舰

"北莫尔斯克"号
驱逐舰

"急躁"号
驱逐舰

"快速"号
驱逐舰

"雷鸣"号
驱逐舰

"库拉科夫海军中将"号
驱逐舰

"坚强"号
护卫舰

"亚马尔"号
大型登陆舰

"尤里·多尔戈鲁基"号
核潜艇

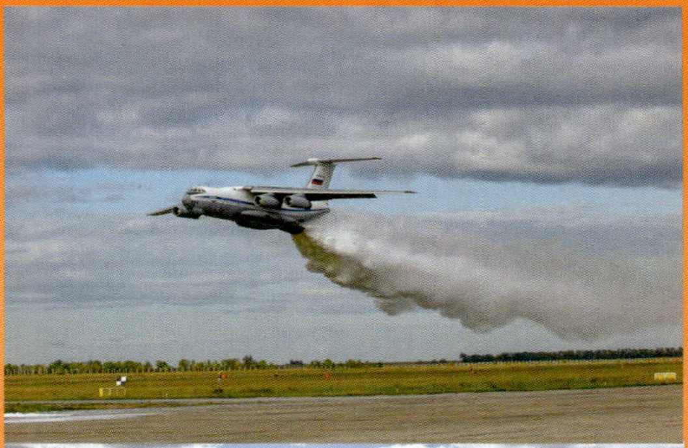
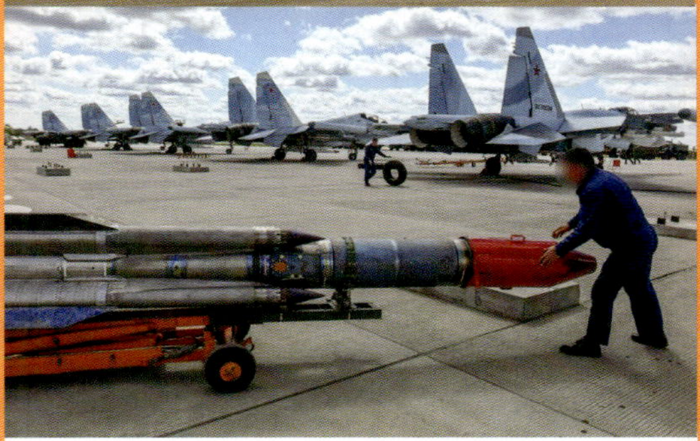
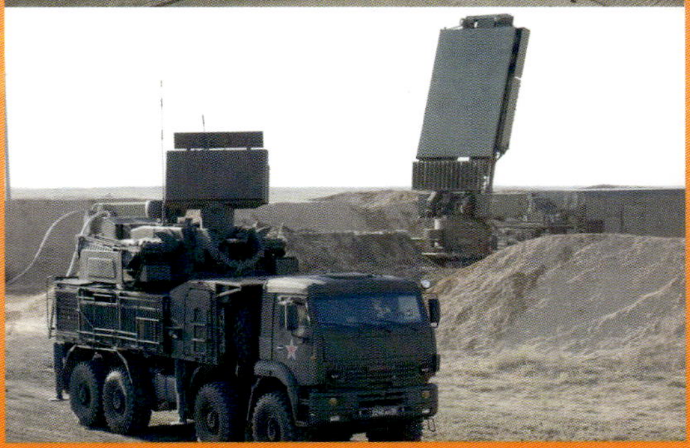
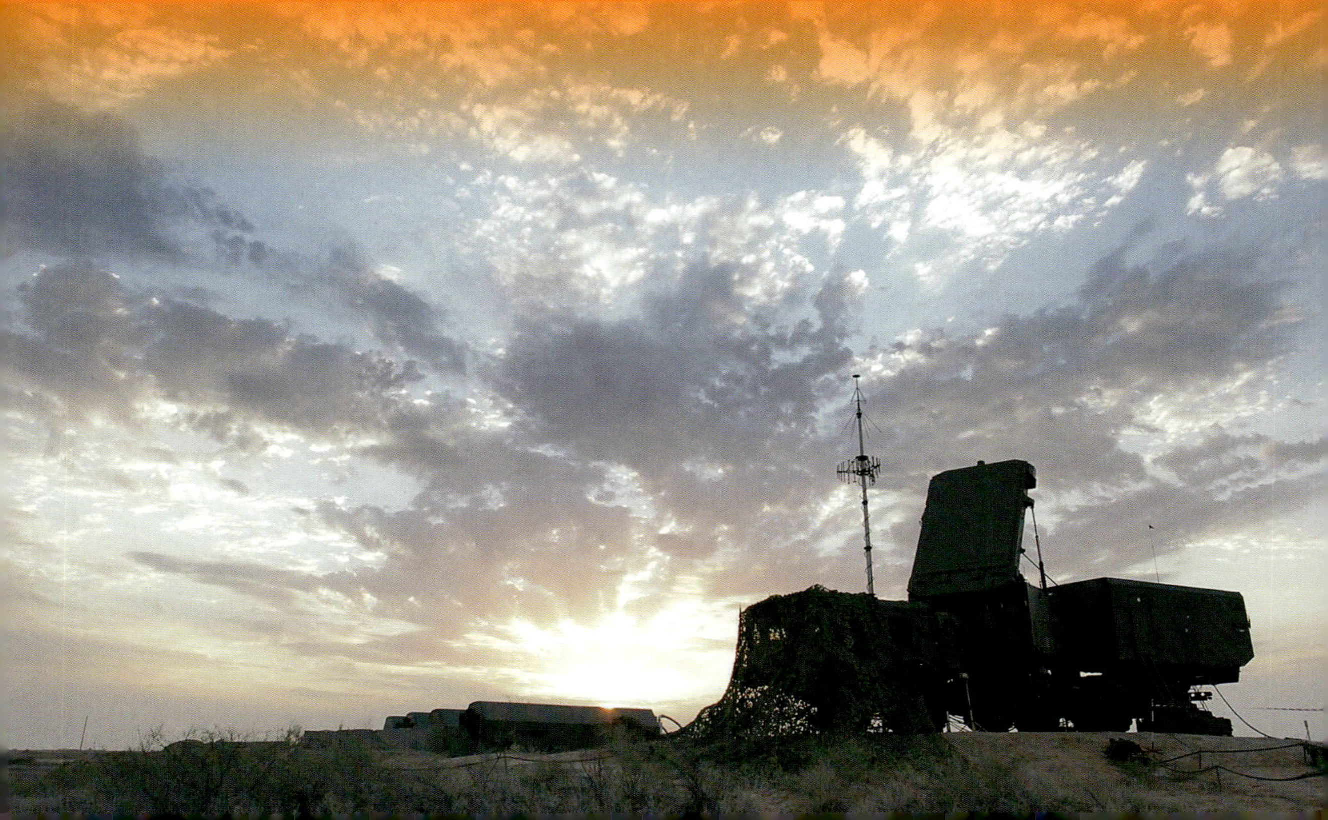

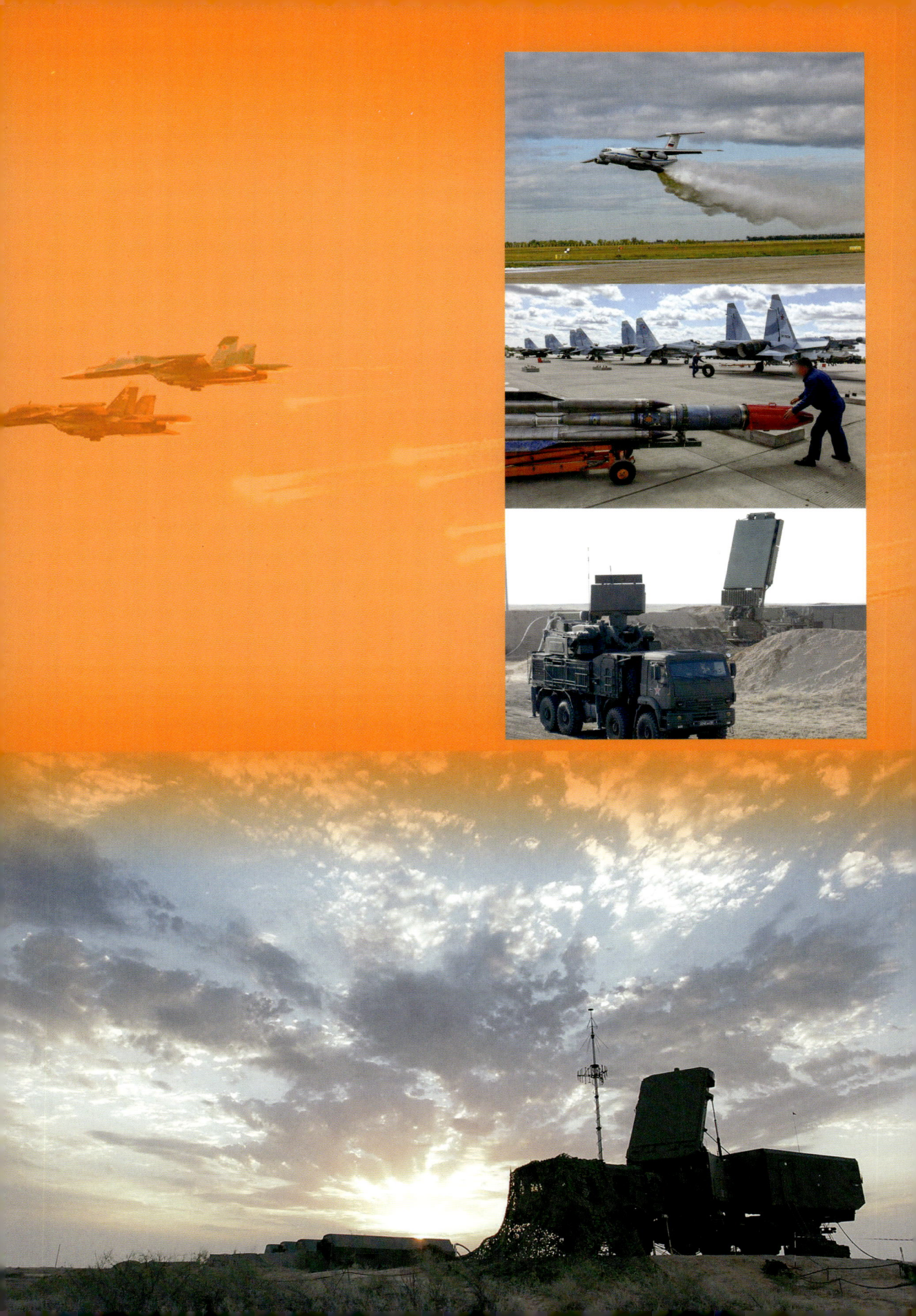

五　空天军

　　俄空天军相较于陆军和海军而言，历史上变化比较大。它最早起源于1912年沙皇尼古拉二世建立的航空兵部队。十月革命后，1918年5月，陆军建制内成立了航空兵兵种。1946年2月，苏军将陆军航空兵独立出来成立了空军，其编制体制与陆军类似，按照集团军、军、师、团构建。1948年，苏军成立了独立的国土防空军，并在1980年改称为防空军。20世纪70年代，空军的集团军被撤销，设立了军区空军，而到了1986年，军区空军又被撤销，空军集团军级别又被恢复。苏联解体之初，俄罗斯延续了苏联时期的空军与防空军两个独立军种的格局，直至1998年才将这两个军种合并，统一称为空军。然而，原防空军所辖的导弹空间防御兵与国防部直属的军事航天力量被纳入战略火箭军的力量建制。2001年6月，导弹空间防御部队和军事航天部队从战略火箭军中独立出来，成立了航天兵，作为俄联邦武装力量一个独立的兵种。2011年12月，俄军将航天兵与空军所属空天防御战略战役司令部合并成立了空天防御兵。2015年8月1日，由俄空军和俄空天防御兵合并成立新的军种——空天军。空天军主要由航空兵、防空反导兵和航天兵三大主战兵种及专业保障部队构成。

　　鉴于以上历史，俄空天军的标识主要由展开的翅膀、火炮和螺旋桨构成，分别代表空天军力量的不同构成和职能。空天军标识的设计也按照其他军兵种的一贯风格，将部队所在地的特色标识融入其中。例如，第4空防集团军标识上的塔楼，就是其所在地顿河畔罗斯托夫市标识（可参看附录部分）的元素。有些部队在大单位上没有体现驻地标识特征，但是其下属单位的标识上融合了地方标识的特征，如第15特种空天集团军的各个雷达枢纽，其标识的中心部分都有该雷达枢纽所在地的标识元素。此外，在俄罗斯空防集团军的一些防空师和航空兵师中，不同团级单位的标识通过中间的衬色加以区分。总之，俄空天军的标识特征较为突出，辨识度较强，读者可以对比鉴赏。

空天军军徽　　　　　　　　　　空天军军旗

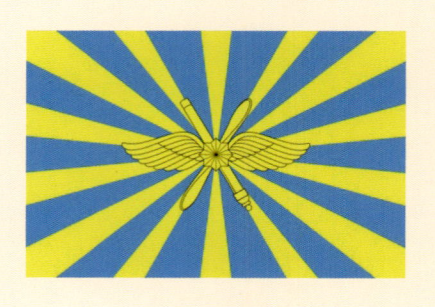

第一部分　俄罗斯联邦武装力量标识

空天军总司令部徽章

空天军总司令臂章

第 4 空防集团军

1942 年，苏联空军组建第 4 空军集团军，并于 1945 年部署于波兰。苏联解体后，部队撤回国内后被撤编。1992 年，俄空军在北高加索地区重建第 4 空军集团军。1998 年，空军与防空军合并后，第 4 空军集团军与第 12 防空军合并组建第 4 空防集团军。2009 年"新面貌"改革期间，该集团军被改编为第 4 空防司令部。而在 2015 年空天军成立后，又被改回第 4 空防集团军的番号，司令部驻地为顿河畔罗斯托夫。

第 4 空防集团军徽章

第 4 空防集团军臂章

1. 第 1 近卫混合航空兵师

第 4 空防集团军
第 1 近卫混合航空兵师徽章

第 4 空防集团军
第 1 近卫混合航空兵师臂章

· 131 ·

第 1 近卫混合航空兵师 第 3 近卫混合航空兵团	第 1 近卫混合航空兵师 第 31 歼击航空兵团	第 1 近卫混合航空兵师 第 559 轰炸航空兵团	第 4 混合航空兵师 第 368 强击航空兵团

2. 第 4 混合航空兵师（原第 6972 航空兵基地）

第 4 空防集团军 第 4 混合航空兵师徽章	第 4 空防集团军 第 4 混合航空兵师臂章
第 4 混合航空兵师 第 11 混合航空兵团	第 4 混合航空兵师 第 960 强击航空兵团

3. 第 27 混合航空兵师

第 4 空防集团军 第 27 混合航空兵师徽章	第 4 空防集团军 第 27 混合航空兵师臂章

第一部分　俄罗斯联邦武装力量标识

第 27 混合航空兵师
第 37 混合航空兵团

第 27 混合航空兵师
第 38 歼击航空兵团

第 27 混合航空兵师
第 39 直升机团

4. 第 31 防空师

第 4 空防集团军
第 31 防空师徽章

第 4 空防集团军
第 31 防空师臂章

第 31 防空师
第 3 雷达团

第 31 防空师
第 12 防空导弹团

第 31 防空师
第 18 防空导弹团

5. 第 51 防空师

第 4 空防集团军
第 51 防空师徽章

第 4 空防集团军
第 51 防空师臂章

· 133 ·

第 51 防空师
第 338 雷达团

第 51 防空师
第 339 雷达团

第 51 防空师
第 1536 防导弹团

第 51 防空师
第 1537 防空导弹团

第 51 防空师
第 1721 防空导弹团

6. 集团军直属部队

第 4 空防集团军
第 3624 航空兵基地
驻亚美尼亚

第 4 空防集团军
第 16 陆航旅
原第 546 航空兵基地

第 4 空防集团军
第 487 直升机团
原第 387 航空兵基地

第 4 空防集团军
独立第 55 直升机团
原第 393 航空兵基地

第 4 空防集团军
第 3661 航空兵基地

第 4 空防集团军
第 214 指挥中心

第 4 空防集团军
第 30 混合运输航空兵团

第 4 空防集团军
第 578 工程营

第一部分　俄罗斯联邦武装力量标识

第 4 空防集团军
第 80 机场工程营

第 4 空防集团军
第 540 电子对抗营

第 6 空防集团军

1942 年 4 月，苏联空军成立第 6 防空集团军，1946 年改编为第 6 防空军。1948 年，国土防空军成立后，第 6 防空军被改编为列宁格勒防空区，1954 年 6 月，又被改编为列宁格勒防空集团军。1960 年 3 月，列宁格勒防空集团军被拆分，并分别并入新组建的第 6、第 10 防空集团军。1998 年，随着空军与防空军的合并，第 6 防空集团军与第 76 空军集团军合并组建第 6 空防集团军，原第 10 防空集团军撤编，部分部队整合入第 6 空防集团军。2009 年，在"新面貌"改革期间，该集团军被改编为第 1 空防司令部，并且吸纳了原隶属于第 16 空军集团军的部分部队。2015 年空天军成立后，恢复第 6 空防集团军的称号，司令部驻地为圣彼得堡。

第 6 空防集团军徽章

第 6 空防集团军臂章

1. 第 2 防空师

第 6 空防集团军
第 2 防空师徽章

第 6 空防集团军
第 2 防空师臂章

· 135 ·

第2防空师 第333雷达团	第2防空师 第334雷达团	第2防空师 第1488近卫防空导弹团	第2防空师 第1489近卫防空导弹团
第2防空师 第1490防空导弹团	第2防空师 第500近卫防空导弹团		第2防空师 第1544防空导弹团

2. 第32防空师

第6空防集团军 第32防空师徽章	第6空防集团军 第32防空师臂章

第32防空师 第335雷达团	第32防空师 第336雷达团	第32防空师 第337雷达团

第一部分　俄罗斯联邦武装力量标识

第 32 防空师
第 42 近卫防空导弹团

第 32 防空师
第 108 防空导弹团

3. 第 105 近卫混合航空兵师（原第 7000 航空兵基地）

第 6 空防集团军
第 105 近卫混合航空兵师徽章

第 6 空防集团军
第 105 近卫混合航空兵师臂章

第 105 近卫混合航空兵师
第 14 近卫歼击航空兵团

第 105 近卫混合航空兵师
第 159 歼击航空兵团

第 105 近卫混合航空兵师
第 790 歼击航空兵团

第 105 近卫混合航空兵师
第 47 强击航空兵团

· 137 ·

4. 集团军直属部队

第 6 空防集团军
第 213 指挥控制中心

第 6 空防集团军
第 15 陆航旅

第 6 空防集团军
第 378 直升机团
原第 387 航空兵基地

第 6 空防集团军
第 549 直升机团
原第 393 航空兵基地

第 6 空防集团军
第 33 混合航空兵团
原第 1080 航空兵基地

第 6 空防集团军
第 4 侦察航空兵大队

第 6 空防集团军
第 348 机场工程营

第 6 空防集团军
第 35 机场工程营

第 11 空防集团军

1945 年，苏军组建了阿穆尔河沿岸防空集团军和滨海防空集团军。1956—1960 年，以阿穆尔河沿岸防空集团军为主，吸纳滨海防空集团军和其他地区防空力量组建了第 11 防空集团军。1998 年，随着空军与防空军的合并，第 11 防空集团军与第 1 空军集团军合并组建第 11 空防集团军。2009 年，在"新面貌"改革期间，以第 11 空防集团军为主，组建了第 3 防空司令部。2015 年空天军成立后，该司令部改编为第 11 空防集团军，司令部驻地为哈巴罗夫斯克。

第 11 空防集团军徽章

第 11 空防集团军臂章

第一部分　俄罗斯联邦武装力量标识

1. 第 25 防空师

第 11 空防集团军
第 25 防空师徽章

第 11 空防集团军
第 25 防空师臂章

第 25 防空师
第 39 雷达团

第 25 防空师
第 343 雷达团

第 25 防空师
第 1529 近卫防空导弹团

第 25 防空师
第 1530 防空导弹团

2. 第 26 防空师

第 11 空防集团军
第 26 防空师徽章

第 11 空防集团军
第 26 防空师臂章

第 26 防空师
第 342 雷达团

第 26 防空师
第 1723 防空导弹团

第 26 防空师
第 1724 防空导弹团

3. 第93防空师

第11空防集团军
第93防空师徽章

第11空防集团军
第93防空师臂章

第93防空师
第344雷达团

第93防空师
第589防空导弹团

第93防空师
第1533防空导弹团

4. 第101近卫混合航空兵师

第11空防集团军
第101近卫混合航空兵师徽章

第11空防集团军
第101近卫混合航空兵师臂章

第101近卫混合航空兵师
第18近卫强击航空兵团

第101近卫混合航空兵师
第22歼击航空兵团

5. 第303混合航空兵师（原第6983航空兵基地）

第11空防集团军
第303混合航空兵师徽章

第11空防集团军
第303混合航空兵师臂章

第303混合航空兵师
第23歼击航空兵团

第303混合航空兵师
第277轰炸航空兵团

6. 集团军直属部队

第11空防集团军
独立第112直升机团
原第439航空兵基地

第11空防集团军
独立第319直升机团
原第575航空兵基地

第11空防集团军
第18陆航旅
原第573航空兵基地

第11空防集团军
第120近卫混合航空兵团
原第412航空兵基地

第11空防集团军
第266强击航空兵团

第11空防集团军
独立第541电子对抗营

第11空防集团军
工程工兵营

第 14 空防集团军

1948 年，苏联国土防空军组建古比雪夫-萨拉托夫防空分区和乌拉尔防空分区。1960 年，两个防空分区合并为伏尔加河沿岸-乌拉尔防空军区。1980 年，苏军撤销防空军区，该军区被改编为伏尔加河沿岸-乌拉尔防空集群。1998 年，随着空军和防空军的合并，该集群被改编为第 5 空防军，2001 年升格为第 5 空防集团军。2009 年，在"新面貌"改革期间，在第 5 空防集团军基础上组建了第 2 空防司令部。2015 年空天军成立后，第 2 空防司令部被改编为第 14 空防集团军，司令部驻地为叶卡捷琳堡。

第 14 空防集团军徽章 　　　　第 14 空防集团军臂章

第 21 近卫混合航空兵师（原第 6980 航空兵基地）

第 14 空防集团军
第 21 近卫混合航空兵师徽章　　　　第 14 空防集团军
第 21 近卫混合航空兵师臂章

第 21 近卫混合航空兵师
第 2 混合航空兵团　　　　第 21 近卫混合航空兵师
第 712 近卫歼击航空兵团　　　　第 21 近卫混合航空兵师
第 764 歼击航空兵团

第一部分　俄罗斯联邦武装力量标识

2. 第41防空师

第14空防集团军
第41防空师徽章

第14空防集团军
第41防空师臂章

第41防空师
第341雷达团

第41防空师
第388近卫防空导弹团

第41防空师
第590防空导弹团

第41防空师
第1534防空导弹团

3. 第76防空师

第14空防集团军
第76防空师徽章

第14空防集团军
第76防空师臂章

第76防空师
第340雷达团

第76防空师
第185防空导弹团

第76防空师
第511近卫防空导弹团

第76防空师
第568近卫防空导弹团

4. 集团军直属部队

第 14 空防集团军
第 17 陆航旅
原第 48 航空兵基地

第 14 空防集团军
第 999 空军基地

第 14 空防集团军
第 337 直升机团
原第 562 航空兵基地

第 14 空防集团军
第 32 混合运输航空兵团

第 14 空防集团军
指挥控制中心

第 14 空防集团军
第 320 航空兵基地

第 14 空防集团军
独立第 2226 电子对抗营

第 14 空防集团军
第 60 工程工兵营

第 14 空防集团军
第 24 防空导弹旅

第 24 防空导弹旅
第 80 防空导弹团

· 144 ·

第 45 空防集团军

2014 年，俄军成立北方舰队联合战略司令部，俄空军第 1 防空司令部和空天防御兵的部分兵力转隶至北方舰队。2015 年空天军成立后，在北方舰队所属的海军航空兵和防空部队基础上组建第 45 空防集团军。

第 45 空防集团军徽章

第 45 空防集团军臂章

1. 第 1 防空师

第 45 空防集团军
第 1 防空师徽章

第 45 空防集团军
第 1 防空师臂章

第 1 防空师
第 331 雷达团

第 1 防空师
第 332 雷达团

第 1 防空师　　　　　　　第 1 防空师　　　　　　　第 1 防空师
第 531 近卫防空导弹团　　第 583 防空导弹团　　　　第 1528 防空导弹团

2 第 3 防空师

第 45 空防集团军　　　　　　　　　　第 45 空防集团军
第 3 防空师徽章　　　　　　　　　　 第 3 防空师臂章

第 3 防空师　　　　　　　第 3 防空师　　　　　　　第 3 防空师
第 133 雷达团　　　　　　第 33 防空导弹团　　　　　第 155 防空导弹团

3. 集团军直属部队

第 45 空防集团军　　　　　第 45 空防集团军　　　　　第 45 空防集团军
第 98 混合航空兵团　　　　第 403 混合航空兵团　　　　第 924 歼击航空兵团

第一部分　俄罗斯联邦武装力量标识

第 45 空防集团军
第 7050 航空兵基地

第 45 空防集团军
第 261 无人机团

第 1 防空反导集团军

　　1942 年，苏联空军成立莫斯科防空方面军，1943 年改编为莫斯科特别防空集团军，1948 年又被改编为莫斯科防空区。1998 年，随着空军和防空军的合并，莫斯科防空区与第 16 空军集团军合并，成立了新的莫斯科防空区。2002 年，在防空区的基础上，成立了莫斯科特种指挥部，直属空军总司令部。2009 年，在"新面貌"改革期间，莫斯科特种指挥部以所属部队组建空天防御战略战役司令部。2011 年，空天防御兵成立，其司令部与航天兵第 9 反导师合并组建空天防御兵防空和反导司令部。2015 年空天军成立后，空天防御兵防空和反导司令部改编为第 1 防空反导集团军，司令部驻地为巴拉希哈。

第 1 防空反导集团军徽章

第 1 防空反导集团军臂章

1. 第 4 防空师

第 1 防空反导集团军
第 4 防空师徽章

第 1 防空反导集团军
第 4 防空师臂章

· 147 ·

第 4 防空师
第 25 雷达团

第 4 防空师
第 93 近卫防空导弹团

第 4 防空师
第 210 近卫防空导弹团

第 4 防空师
第 584 防空导弹团

第 4 防空师
第 612 近卫防空导弹团

2 第 5 防空师

第 1 防空反导集团军
第 5 防空师徽章

第 1 防空反导集团军
第 5 防空师臂章

第 5 防空师
第 9 雷达团

第 5 防空师
第 549 近卫防空导弹团

第 5 防空师
第 606 近卫防空导弹团

· 148 ·

第 5 防空师	第 5 防空师	第 5 防空师
第 614 近卫防空导弹团	第 629 近卫防空导弹团	第 799 近卫防空导弹团

3. 第 9 反导师

第 9 反导师的前身是苏联防空军下辖的第 9 导弹防御军。1978 年，苏联以防空军相关机关为基础，成立第 9 导弹防御军指挥机关。1998 年，第 9 导弹防御军改编为第 9 反导师，并与其他 3 个师合并组建第 3 特种导弹空间防御集团军，隶属于战略火箭军。2001 年 6 月，该集团军独立成为航天兵，2009 年该集团军撤编，第 9 反导师直属于航天兵司令部。2011 年 12 月，空天防御兵成立，第 9 反导师转隶空天防御兵防空和反导司令部。2015 年空天军成立后，第 9 反导师转隶空天军第 1 防空反导集团军。

第 1 防空反导集团军	第 1 防空反导集团军
第 9 反导师徽章	第 9 反导师臂章

第 9 反导师	第 9 反导师	第 9 反导师	第 9 反导师
第 900 反导防御指挥部	第 482 雷达枢纽	第 572 雷达枢纽	第 1876 技术基地

第 9 反导师　　　　第 9 反导师　　　　第 9 反导师　　　　第 9 反导师
第 590 雷达枢纽　　第 49 反导系统　　　第 50 反导系统　　　第 51 反导系统

第 9 反导师　　　　　　　第 9 反导师　　　　　　　第 9 反导师
第 52 反导系统　　　　　　第 54 反导系统　　　　　　第 34 通信团

第 15 特种空天集团军

2011 年 12 月，俄空天防御兵成立二级司令部——航天司令部。2015 年空军与空天防御兵合并成立空天军，空天防御兵航天司令部改编为第 15 特种空天集团军。

第 15 特种空天集团军徽章　　　　　　　第 15 特种空天集团军臂章

1. 第 820 导弹袭击预警总中心

1967 年，苏联国土防空军成立第 1 导弹袭击预警师，1971 年又成立了低导弹袭击预警师。1977 年，两个师合并为第 3 特种导弹预警和太空监视集团军。1998 年，该集团军撤编，第 1 导弹袭击预警师、第 45 宇宙空间监视师和第 9 反导师合并组建第 3 特种导弹空间防御集团军，隶属于战略火箭军。2001 年航天兵成立后，该集团军脱离战略火箭军。2009 年，

第一部分 俄罗斯联邦武装力量标识

航天兵进行了编制调整，该集团军撤编，第1导弹袭击预警师改编为第820导弹袭击预警总中心，直属于航天兵司令部。2011年，该总中心转隶新成立的空天防御兵司令部，2015年又转隶新成立的第15特种空天集团军。

第820 导弹袭击预警总中心徽章 　　　　第820 导弹袭击预警总中心臂章

第1383 导弹袭击预警备用指挥所 　　第46 雷达枢纽 　　第49 雷达枢纽 　　第57 雷达枢纽

第210 雷达枢纽 　　第314 雷达枢纽 　　第378 雷达枢纽 　　第428 雷达枢纽

第474 雷达枢纽 　　第541 雷达枢纽 　　第571 雷达枢纽 　　第818 雷达中心

· 151 ·

第821雷达枢纽	 第916雷达枢纽	 第1127雷达枢纽
 第487通信及信息传输枢纽	 第901雷达枢纽	 某雷达枢纽

2. 第821空间态势侦察总中心

1988年6月，苏军成立第18太空监视和空间防御军，1998年10月，该军被改编为第45宇宙空间监视师，并与第1导弹预警师、第9反导师一同隶属于战略火箭军第3特种导弹空间防御集团军。2009年，随着集团军的撤编，第45宇宙空间监视师改编为第821太空监视总中心，2011年12月转隶新成立的空天防御兵航天司令部，并改名为第821空间态势侦察总中心，2015年转隶空天军第15特种空天集团军。

第821空间态势侦察总中心徽章	 第821空间态势侦察总中心臂章

第145太空监视中心	 第1069雷达枢纽	 第1109光电枢纽

第573雷达枢纽 　　　　　　　　　　第28武器储存库

3. 第153航天器试验和控制总中心

1992年8月，俄罗斯军事航天力量成立后，随即成立了其直属的第153航天器试验和控制总中心。1998年，该中心随军事航天力量划归战略火箭军，2001年又从战略火箭军脱离，转隶航天兵。2011年，该中心转隶空天防御兵航天司令部，2015年转隶空天军第15特种空天集团军。

第153航天器试验和控制总中心徽章 　　　　第153航天器试验和控制总中心臂章

第31指挥测量系统 　第37指挥测量系统 　第40指挥测量系统 　第42指挥测量系统

第46指挥测量系统 　第47指挥测量系统 　第62指挥测量系统 　第65指挥测量系统

· 153 ·

第 76 指挥测量系统 　　第 82 指挥测量系统 　　第 616 指挥测量系统

第 26 测量站 　　第 48 测量站 　　第 198 测量站 　　第 484 测量站

第 37 远程航空兵战略集团军

1942 年 3 月，苏军远程航空兵部队被改编为最高统帅部大本营远程航空兵。1946 年 3 月，苏联空军成立远程航空兵司令部，下辖 3 个空军集团军。1980 年 8 月，该司令部被撤销，合并组建了 4 个空军战略战役集团军，其中就有第 37 空军集团军。1988 年，远程航空兵司令部恢复，与第 37 空军集团军并存。1998 年，远程航空兵司令部与第 37 空军集团军合并组建了第 37 空军集团军。2009 年，在"新面貌"改革期间，第 37 空军集团军被改编为远程航空兵司令部。2015 年空天军成立后，该司令部又被改回第 37 远程航空兵战略集团军的番号，司令部驻地为莫斯科。

第 37 远程航空兵战略集团军徽章 　　第 37 远程航空兵战略集团军臂章

第一部分　俄罗斯联邦武装力量标识

1. 第22重型轰炸航空兵师（原第6950航空兵基地）

第37远程航空兵战略集团军
第22重型轰炸航空兵师徽章

第37远程航空兵战略集团军
第22重型轰炸航空兵师臂章

第22重型轰炸航空兵师
第40混合航空兵团

第22重型轰炸航空兵师
第52近卫重型轰炸航空兵团

第22重型轰炸航空兵师
第121近卫重型轰炸航空兵团

2. 第326重型轰炸航空兵师（原第6952航空兵基地）

第37远程航空兵战略集团军
第326重型轰炸航空兵师徽章

第37远程航空兵战略集团军
第326重型轰炸航空兵师臂章

第326重型轰炸航空兵师
第182近卫重型轰炸航空兵团

第326重型轰炸航空兵师
第200近卫远程轰炸航空兵团

· 155 ·

3. 集团军直属部队

第 37 远程航空兵战略集团军
第 203 近卫空中加油团

第 37 远程航空兵战略集团军
独立第 44 特种航空兵团

第 37 远程航空兵战略集团军
第 43 飞行人员战斗使用和训练中心

第 43 飞行人员战斗使用和训练中心
第 27 混合航空兵团

第 61 军事运输航空兵战略集团军

1955 年 4 月，苏军在 4 个军事运输航空兵师的基础上成立了空军军事运输航空兵这一空军兵种，并建立了军事运输航空兵司令部。1998 年 5 月，军事运输航空兵司令部被改编为第 61 空军集团军。2009 年，在"新面貌"改革期间，第 61 空军集团军又被改回军事运输航空兵司令部。2015 年空天军成立后，军事运输航空兵司令部被改编为第 61 军事运输航空兵战略集团军，司令部驻地为莫斯科。

第 61 军事运输航空兵战略集团军徽章

第 61 军事运输航空兵战略集团军臂章

第一部分　俄罗斯联邦武装力量标识

1. 第12军事运输航空兵师（原第6955航空兵基地）

第61军事运输航空兵战略集团军
第12军事运输航空兵师徽章

第61军事运输航空兵战略集团军
第12军事运输航空兵师臂章

第12军事运输航空兵师
第196军事运输航空兵团

第12军事运输航空兵师
第334军事运输航空兵团

第12军事运输航空兵师
第566军事运输航空兵团

2. 第18军事运输航空兵师

第61军事运输航空兵战略集团军
第18军事运输航空兵师徽章

第61军事运输航空兵战略集团军
第18军事运输航空兵师臂章

第18军事运输航空兵师
第117军事运输航兵空团

第18军事运输航空兵师
第235军事运输航空兵团

第 18 军事运输航空兵师
第 708 军事运输航空兵团

第 18 军事运输航空兵师
机场工程工兵营

3. 集团军直属部队

第 667 指挥控制中心

后勤物资保障团

机场警卫团

维护修理营

机场警卫营

空天军直属单位

1. 空天军总司令部直属部队

空天军指挥中心

防空反导司令部

空天军通信中心

第185战斗使用和训练中心 　　第968歼击航空兵战斗使用中心 　　第513防空导弹兵战斗使用中心

2. 空天军总司令部航空兵司令部直属部队

第610军事运输航空兵
战斗使用和训练中心

第43远程航空兵
战斗使用和训练中心

第11防空导弹兵训练中心

空军雷达兵班组
专业人员训练中心

第344直升机飞行员
战斗使用和训练中心

第344训练中心
托尔诺克陆航基地

驻叙利亚
特殊混合航空兵团

"雨燕"飞行表演队

第205通信中心

· 159 ·

俄联邦军事力量标识图鉴

第222跨军种培训中心

第35物资技术保障中心

第183空军教学中心

第357空军教学中心

第2国防部
中央科学研究所

第30空军
中央科学研究所

第4国家飞行人员战斗使用和训练中心徽章

第4国家飞行人员战斗使用和训练中心臂章

第一部分 俄罗斯联邦武装力量标识

第 3958 航空教学基地

第 7086 航空教学基地

第 929 国家飞行试验中心徽章

第 929 国家飞行试验中心臂章

第 929 国家飞行试验中心
第 276 飞行研究与试验中心

第 929 国家飞行试验中心
第 1338 试验中心

第 929 国家飞行试验中心
沃利斯克航空测试中心

第 929 国家飞行试验中心
第 19 研究所

第929国家飞行试验中心
第32试验中心
（海军航空兵）

第929国家飞行试验中心
第13研究所

克拉斯诺达尔高等军事航空飞行员学校徽章

克拉斯诺达尔高等军事航空飞行员学校臂章

第195航空教学基地 　　第200航空教学基地 　　第209航空教学基地 　　第213航空教学基地

第8特种航空兵师徽章

第8特种航空兵师臂章

第一部分　俄罗斯联邦武装力量标识

第 8 特种航空兵师
第 353 特种航空兵团

第 8 特种航空兵师
第 354 特种航空兵团

第 8 特种航空兵师
第 355 特种航空兵团

3. 空天军总司令部航天兵司令部直属部队

第 678 通信中心

第 4 国防部中央科学研究所

第 708 防空反导测试中心

第 1 国家航天试验发射场徽章

第 1 国家航天试验发射场臂章

第 2 工程试验部队

第 8 工程试验部队

第 16 工程试验部队

· 163 ·

第 17 工程试验部队 　　第 29 工程试验部队 　　第 83 工程试验部队

第 229 工程试验部队 　　第 8 指挥测量设施 　　第 833 航天技术中心测量站

第 3 试验管理局 　　第 98 通信枢纽

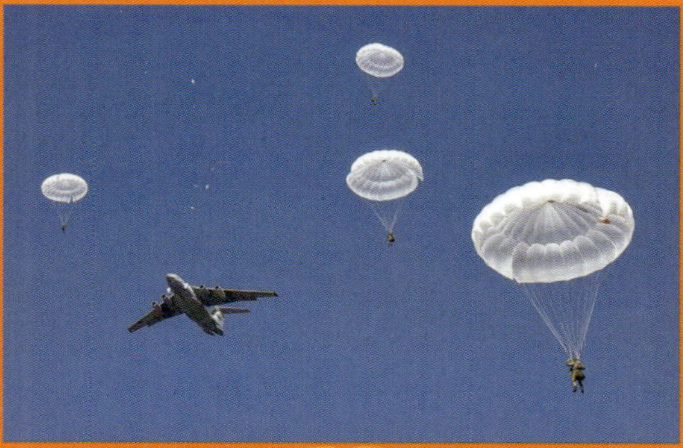

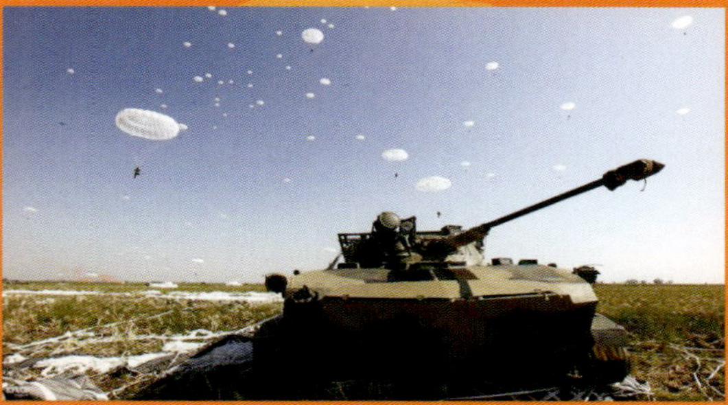

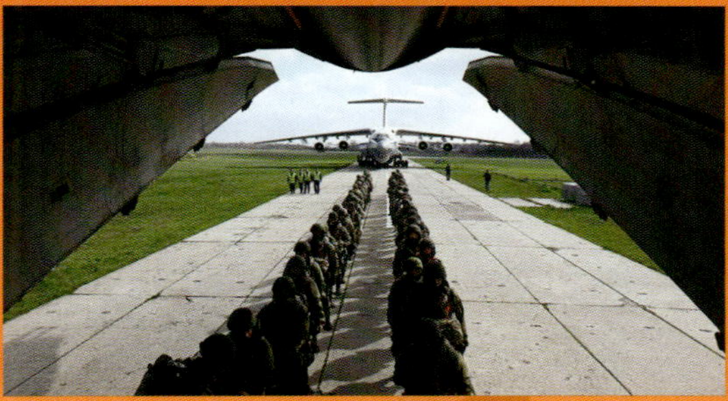

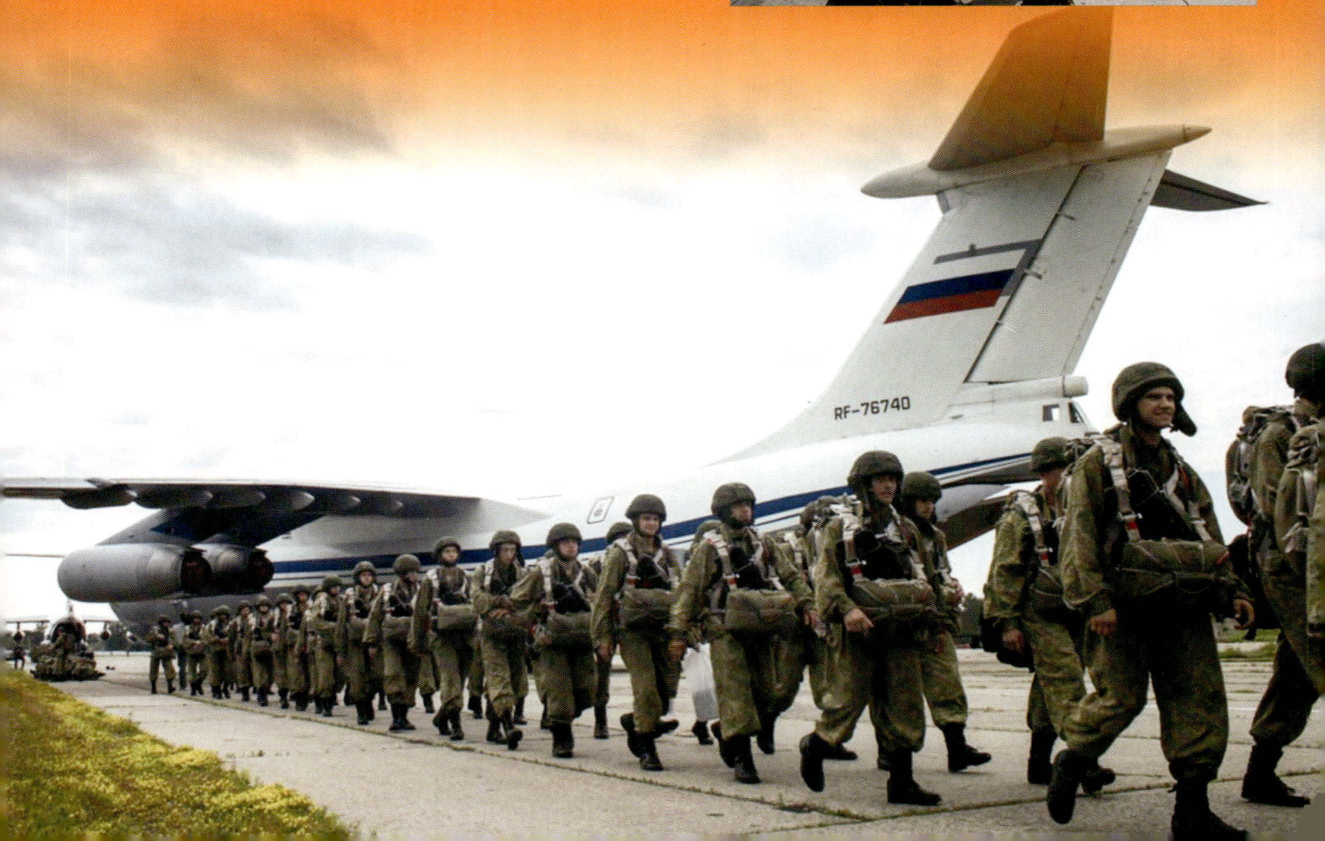
RF-76740

六　空降兵

俄空降兵部队诞生于 1930 年 8 月 2 日,目前是俄军的一个独立兵种,是最高统帅部直接掌握的快速反应战略预备队。苏联解体后,俄空降兵部队规模缩减,现由 5 个空降师、5 个空降旅外加 2 个旅级单位组成,师按照师-团建制,旅按照旅-营建制。近些年,俄空降兵部队执行的任务呈现多样化趋势,并参与了多次战争行动。空降兵的标识以天蓝色为背景,标识上均有降落伞、翅膀和带火焰的炸弹 3 个元素,这反映了空降兵作战在空中和地面两个领域的特征。此外,有些空降兵师旅的标识上还加入了驻地特色元素,如第 76 空降突击师的标识上就有普斯科夫州的特色元素。

空降兵徽章 　　　　　　空降兵军旗 　　　　　　空降兵司令徽章

空降兵直属单位和部队

空降兵航空司令部 　　　空降兵机要司令部 　　　空降兵通信司令部

第 309 特种伞降训练中心 　空降兵第 47 歌舞团 　　独立第 150 修理修复营

独立第38近卫通信旅的前身是1947年8月13日成立的第191通信营，1956年该营将番号改为第691通信营。1972年，以第691通信营为基础，组建了第196通信团。1990年，第196通信团被扩编为第171通信旅。1997年，第171通信旅被缩编为第38通信团。2015年，该团又被扩编为第38通信旅，并于2015年3月25日被授予"近卫"称号，驻地为莫斯科熊湖镇。

独立第242空降兵训练中心是俄空降兵部队的一支旅级训练单位，其前身是1960年7月在普斯科夫州的奥斯特罗夫和切廖卡成立的第4空降训练师。该训练中心的主要任务是为空降兵部队培养高素质的初级指挥员和专业技术人员，驻地为鄂木斯克。

独立第38近卫通信旅

独立第242空降兵训练中心

独立第242空降兵训练中心
第285训练团

独立第242空降兵训练中心
第200自行火炮训练营

独立第242空降兵训练中心
第340运输航空中队

空降兵师（旅）

1. 独立第11近卫空降突击旅

独立第11近卫空降突击旅于1968年8月1日在摩戈恰组建，2013年12月转隶俄空降兵部队。2015年3月25日，该旅被授予"近卫"称号，驻地为乌兰乌德。

独立第11近卫空降突击旅徽章

独立第11近卫空降突击旅臂章

2. 独立第45近卫空降突击旅

独立第45近卫空降突击旅是俄空降兵部队一支特殊侦察和特种作战军事单位,驻扎在莫斯科附近。该旅最初为一个团,于1994年由俄空降兵部队的第901空降突击营(创建于1979年)和第218斯佩茨纳兹营(创建于1992年)共同组建而成,2005年8月被授予"近卫"称号,并于2015年扩编为一个旅,驻地为莫斯科州库宾卡。

独立第45近卫空降突击旅徽章 　　　　独立第45近卫空降突击旅臂章

3. 独立第56近卫空降突击旅

独立第56近卫空降突击旅与第二次世界大战中的第4、第6和第7近卫空降旅有着历史渊源。1979年,该旅以第351近卫空降团为基础,在乌兹别克斯坦苏维埃社会主义共和国塔什干州的阿扎德巴什组建。1997年,该旅被缩编为第56近卫空降突击团,并编入第20近卫摩步师。2009年5月恢复独立建制,2010年恢复为独立第56近卫空降突击旅,驻地为卡梅申。

独立第56近卫空降突击旅徽章 　　　　独立第56近卫空降突击旅臂章

4. 独立第83近卫空降突击旅

1985年11月，苏军以第6近卫摩步师独立第126近卫侦察营为基础，组建了独立第65空降突击营，驻地为比亚沃加德。1986年5月至11月，该营扩编为独立第83空降突击旅。2013年12月1日，该旅转隶俄空降兵部队。2015年3月25日，该旅被授予"近卫"称号，驻地为乌苏里斯克。

独立第83近卫空降突击旅徽章 　　独立第83近卫空降突击旅臂章

5. 第7近卫（山地）空降突击师

第7近卫（山地）空降突击师是俄空降兵部队唯一的山地师。该师于1945年在第322近卫伞降团基础上组建。2006年12月1日，正式更名为第7近卫（山地）空降突击师。驻地为新罗西斯克。

第7近卫（山地）空降突击师徽章 　　第7近卫（山地）空降突击师臂章

第7近卫（山地）
空降突击师
第162侦察营

第7近卫（山地）
空降突击师
第743近卫通信营

第7近卫（山地）
空降突击师
第629工兵营

第7近卫（山地）空降突击师 第1681物资技术保障营	第7近卫（山地）空降突击师 第104坦克营	第7近卫（山地）空降突击师 第185运输航空中队
第7近卫（山地）空降突击师 第171空降突击营 （扩编为第97空降突击团）		第7近卫（山地）空降突击师 第108近卫空降突击团
第7近卫（山地）空降突击师 第247近卫空降突击团	第7近卫（山地）空降突击师 第1141近卫炮兵团	第7近卫（山地）空降突击师 第3近卫防空导弹团

6. 第 76 近卫空降突击师

第 76 近卫空降突击师是俄空降兵部队中的王牌部队，其前身是卫国战争时期苏联 157 步兵师，组建于 1939 年 9 月 1 日。1946 年，该师改编为第 76 近卫空降师，2006 年由空降师改编为空降突击师，驻地为普斯科夫。

第 76 近卫空降突击师徽章 　　　　　　　第 76 近卫空降突击师臂章

第 76 近卫空降突击师
第 175 侦察营

第 76 近卫空降突击师
第 728 近卫通信营

第 76 近卫空降突击师
第 656 工兵营

第 76 近卫空降突击师
第 124 坦克营

第 76 近卫空降突击师
第 7 修理修复营

第 76 近卫空降突击师
第 1682 物资技术保障营

第 76 近卫空降突击师
第 242 运输航空中队

第 76 近卫空降突击师
第 104 近卫空降突击团

第 76 近卫空降突击师
第 234 近卫空降突击团

第 76 近卫空降突击师
第 237 近卫空降突击团

第 76 近卫空降突击师
第 1140 近卫炮兵团

第 76 近卫空降突击师
第 4 近卫防空导弹团

第 76 近卫空降突击师
第 3996 医疗中心

7. 第 98 近卫空降师

第 98 近卫空降师于 1944 年 5 月在第 13 近卫空降师基础上组建，驻地为伊万诺沃。第 331 近卫伞降团的标识上有科斯特罗马州的标识，表明该团驻地为科斯特罗马。

第 98 近卫空降师徽章

第 98 近卫空降师臂章

第一部分　俄罗斯联邦武装力量标识

第98近卫空降师 第215近卫侦察营	第98近卫空降师 第674近卫通信营	第98近卫空降师 第661近卫工兵营
第98近卫空降师 第1683物资技术保障营	第98近卫空降师 第243运输航空中队	第98近卫空降师 第36医疗营
第98近卫空降师 第217近卫伞降团	第98近卫空降师 第331近卫伞降团	第98近卫空降师 第1065近卫炮兵团

第98近卫空降师
第5近卫防空导弹团

8. 第31近卫空降突击旅（第104近卫空降突击师）

第31近卫空降突击旅是俄空降兵部队的空降步兵旅，该旅于1998年由第104近卫空降师组建。2013年6月，该旅被俄罗斯国防部定位为国际维和旅。2015年6月4日，俄罗斯国防部宣布该旅后续将改编为第104近卫空降突击师。

第31近卫空降突击旅徽章 　　　第31近卫空降突击旅臂章

第 31 近卫空降突击旅
独立第 99 侦察营

第 31 近卫空降突击旅
独立第 54 空降突击营

第 31 近卫空降突击旅
独立第 91 空降突击营

第 31 近卫空降突击旅
独立第 116 空降营

第 31 近卫空降突击旅
第 99 炮兵营

第 31 近卫空降突击旅
第 116 航空中队

2023 年 8 月，第 104 近卫空降突击师在原第 31 近卫空降突击旅的基础上重组完毕，驻地为乌里扬诺夫斯克。

第 104 近卫空降突击师徽章

第 104 近卫空降突击师臂章

第 104 近卫空降突击师
第 154 侦察营

第 104 近卫空降突击师
独立第 720 通信营

第 104 近卫空降突击师
第 132 工兵营

第一部分　俄罗斯联邦武装力量标识

第 104 近卫空降突击师
第 1684 物资技术保障营

第 104 近卫空降突击师
独立第 134 坦克营

第 104 近卫空降突击师
第 116 航空中队

第 104 近卫空降突击师
第 328 近卫空降团

第 104 近卫空降突击师
第 337 近卫空降团

第 104 近卫空降突击师
第 345 近卫空降团

第 104 近卫空降突击师
第 1180 近卫炮兵团

第 104 近卫空降突击师
第 2 近卫防空导弹团

9. 第 106 近卫空降师

第 106 近卫空降师通常被称为图拉师，驻地为西部军区距离莫斯科 200 千米的图拉。该师的前身是 1944 年 1 月成立的苏联第 16 近卫空降师，驻地同样位于图拉。第 137 伞降团的标识上有梁赞州的标识，表明该团驻地为梁赞。

第 106 近卫空降师徽章

第 106 近卫空降师臂章

· 175 ·

第 106 近卫空降师
第 173 近卫侦察营

第 106 近卫空降师
第 731 近卫通信营

第 106 近卫空降师
第 383 近卫工兵营

第 106 近卫空降师
第 110 运输航空兵中队

第 106 近卫空降师
第 51 近卫伞降团

第 106 近卫空降师
第 119 近卫伞降团

第 106 近卫空降师
第 137 近卫伞降团

第 106 近卫空降师
第 1 防空导弹团

第 106 近卫空降师
第 1182 近卫炮兵团

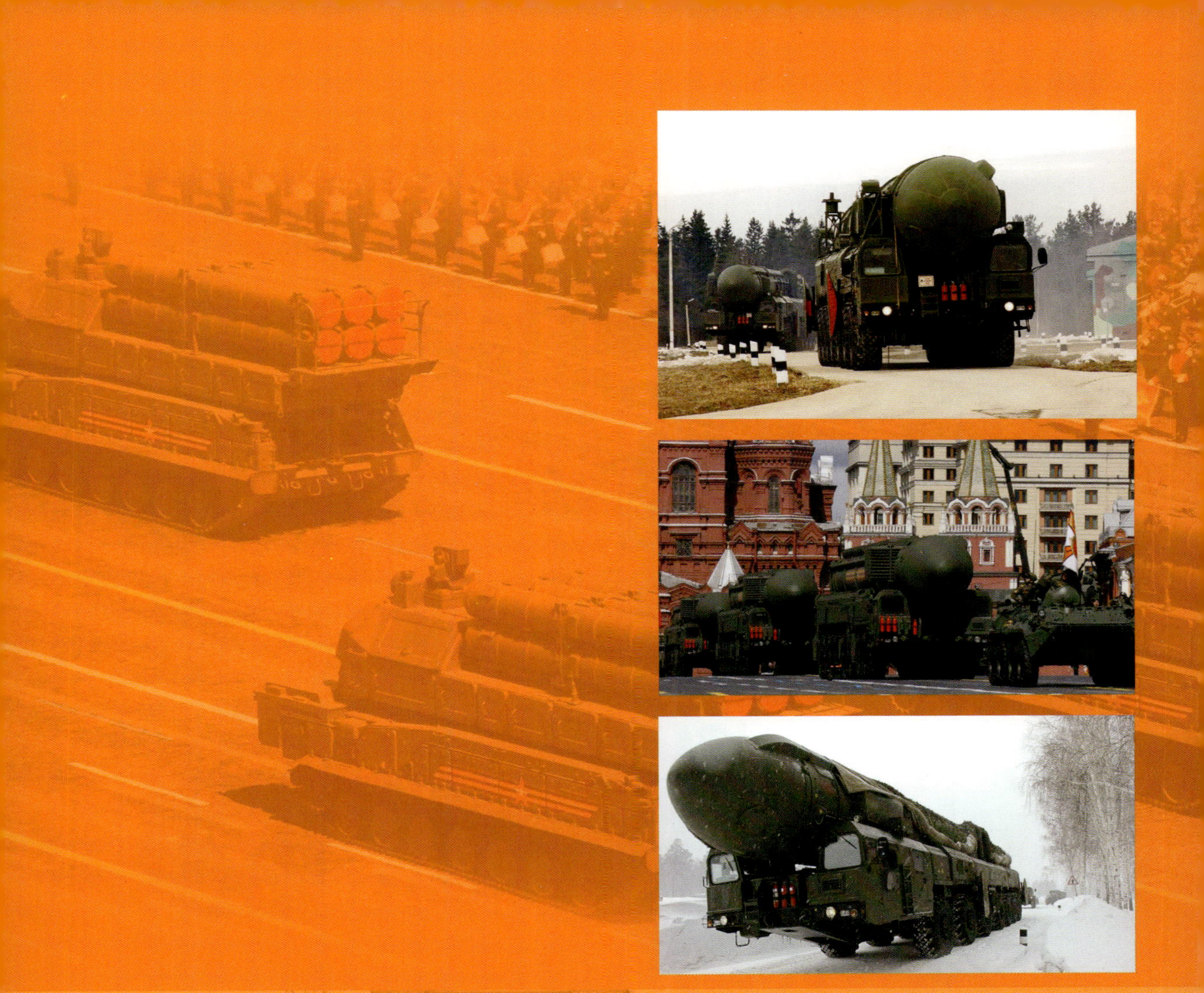
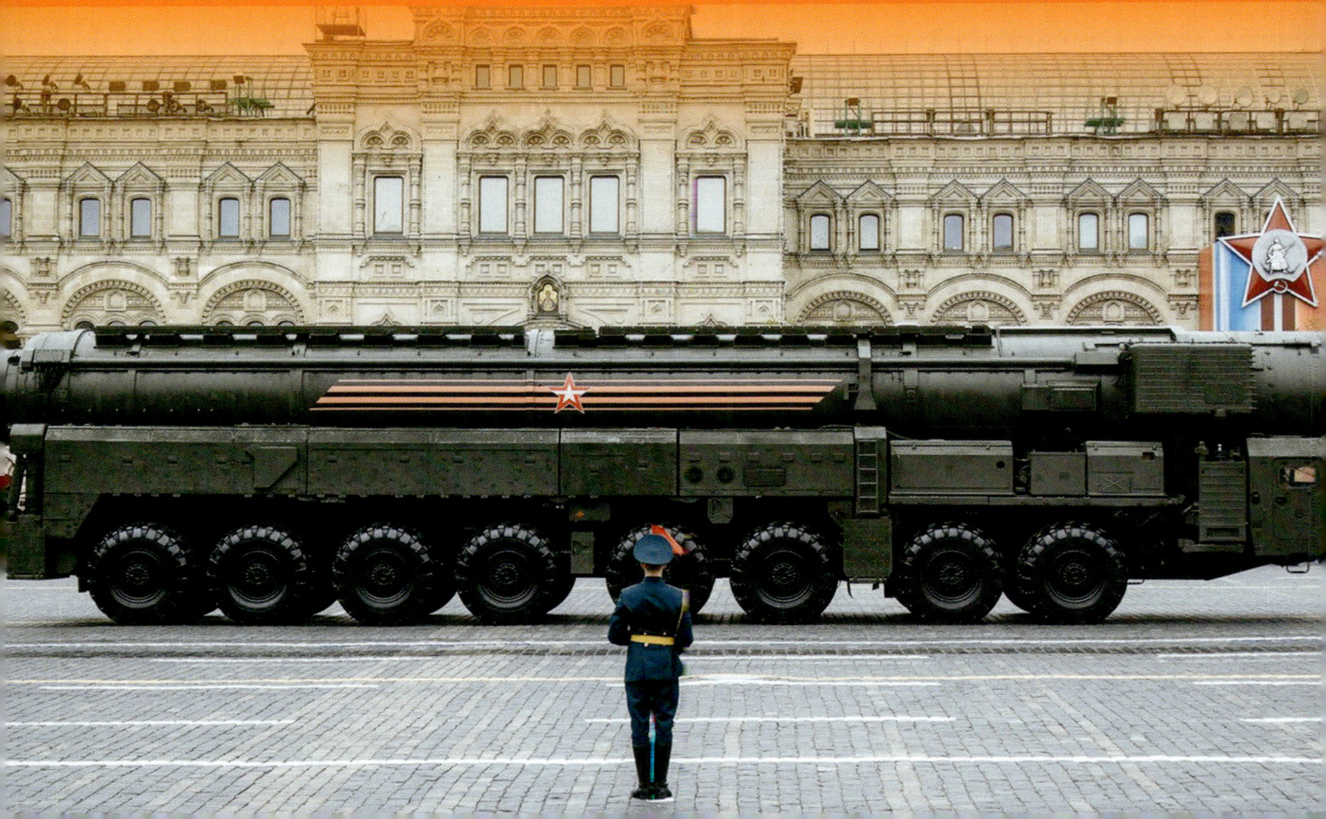

七　战略火箭兵

战略火箭兵是起源于苏军炮兵编制内的导弹部队，该部队成立于1946年8月。1959年12月苏联部长会议通过决议，于1960年1月组建战略火箭军。苏联解体后，战略火箭军仍然是俄联邦武装力量的一个军种。1997年10月，国防部所属的军事航天力量和防空军所属的导弹太空防御步兵编入战略火箭军。2001年，上述两部分力量又从战略火箭军中剥离，组建了独立的太空兵，战略火箭军也降格为战略火箭兵，是一个独立的兵种。战略火箭兵采用导弹集团军—导弹师—导弹团的编成体制。

战略火箭兵标识元素由箭矢、弓弩、盾牌、利剑等组成，每个标识中间的圆环内都会有一个图案，这个图案大多数是该部队所在地的标识纹章。各导弹师所属的导弹团一般会根据本师标识圆环图案，配以不同的衬色来区分各团。但随着各导弹师的改革调整，原隶属于其他导弹师的导弹团被调整为新的导弹师，但该团的标识是不会改变的。这也使得有些导弹师下属导弹团的标识并不统一，但这也给判断这个导弹团的出身提供了一些线索。

战略火箭兵军徽章 　　　战略火箭兵军旗 　　　战略火箭兵司令部徽章

第27近卫导弹集团军

第27近卫导弹集团军全称是"第27维捷布斯克近卫红旗导弹集团军"，其前身是1960年基于第46炮兵训练靶场组建的独立第3导弹军，它于1961年继承了第7近卫加农炮兵旅的"近卫"称号，1970年4月13日改编为第27近卫导弹集团军，司令部驻地为弗拉基米尔市。

第27近卫导弹集团军徽章 　　　第27近卫导弹集团军臂章

1. 第 7 近卫导弹师

第 7 近卫导弹师全称是"第 7 列日茨卡亚近卫导弹师",其前身是 1960 年 5 月组建的第 7 导弹旅,1961 年 4 月升格为第 7 导弹师,直属战略火箭军,1964 年划归独立第 3 近卫导弹军,1970 年又被纳入第 50 导弹集团军建制,1990 年 6 月划归第 27 近卫导弹集团军,司令部驻地为维波尔佐沃。

第 7 近卫导弹师徽章

第 7 近卫导弹师臂章

第 41 导弹团

第 510 近卫导弹团 特维尔团

第 2423 导弹技术基地

第 1701 警卫侦察营

2. 第 14 近卫导弹师

第 14 近卫导弹师全称是"第 14 基辅-日托米尔近卫导弹师",其前身是 1960 年 5 月 25 日组建的第 201 导弹旅,1961 年 5 月升格为第 14 导弹师,直属于战略火箭军,1970 年 6 月纳入第 27 近卫导弹集团军建制,1993 年 3 月转隶第 31 导弹集团军建制,2002 年 7 月重回第 27 近卫导弹集团军,司令部驻地为约什卡尔奥拉。

第 14 近卫导弹师徽章

第 14 近卫导弹师臂章

第290导弹团	第697导弹团	第779导弹团	第2429导弹技术基地
第1704警卫侦察营	独立第14直升机中队	某独立后勤营	

3. 第28近卫导弹师

第28近卫导弹师全称是"第28科泽尔斯克近卫导弹师",其前身是1960年5月成立的第198导弹旅,该旅继承了第28炮兵旅的"近卫"称号,1961年4月升格为第28近卫导弹师,隶属于独立第3近卫导弹军(现在的第27近卫导弹集团军),司令部驻地为泽尔斯克。

第28近卫导弹师徽章	第28近卫导弹师臂章

第74近卫导弹团 布良斯克团	第168近卫导弹团 卡卢加团	第373导弹团 奥廖尔团	第2056导弹技术基地

第一部分 俄罗斯联邦武装力量标识

第 3854 指控与通信大队 　　　第 1705 警卫侦察营 　　　第 292 通信中心

独立后勤营 　　　独立作战支援营 　　　独立第 38 直升机中队

4. 第 54 近卫导弹师

第 54 近卫导弹师全称是"第 54 库图佐夫近卫导弹师",其前身是 1943 年 10 月成立的第 27 近卫加农炮兵旅,1960 年 6 月被改建为第 197 工程旅,1961 年 6 月被改编为第 54 近卫导弹师,隶属于独立第 3 近卫导弹军(现在的第 27 近卫导弹集团军),司令部驻地为捷伊斯克。

第 54 近卫导弹师徽章 　　　第 54 近卫导弹师臂章

第 235 导弹团　　　第 285 近卫导弹团 　　　第 321 导弹团 　　　第 773 近卫导弹团
伊万诺沃团

第 2426 导弹技术基地 　　第 1531 维修技术基地 　　独立第 1706 警卫侦察营 　　物资后勤支援营

5. 第 60 近卫导弹师

第 60 近卫导弹师全称是"第 60 塔曼近卫导弹师",其前身是 1961 年 5 月组建的第 60 导弹师,隶属于独立第 9 导弹军,1964 年 6 月转隶第 5 导弹军,1965 年转隶独立第 18 导弹军(现在的第 31 近卫导弹集团军),1970 年转入第 27 近卫导弹集团军建制,司令部驻地为塔季谢沃。

第 60 近卫导弹师徽章 　　　　　　　第 60 近卫导弹师臂章

第 31 导弹团 　　第 86 导弹团 　　第 104 导弹团 　　第 122 导弹团

第 165 导弹团 　　第 203 导弹团 　　第 271 导弹团 　　第 626 导弹团

第一部分　俄罗斯联邦武装力量标识

| 第 649 导弹团 | 第 687 导弹团 | 第 2953 导弹技术基地 | 第 3910 指控与通信大队 |

| 第 842 维修技术基地 | 第 1707 警卫侦察营 | 第 2964 后勤支援营 | 独立第 10 直升机中队 |

第 31 近卫导弹集团军

第 31 近卫导弹集团军的前身是 1965 年 9 月组建的独立第 18 导弹军，1970 年 3 月改编为第 31 近卫导弹集团军，司令部驻地为奥伦堡。

第 31 近卫导弹集团军徽章 　　　　第 31 近卫导弹集团军臂章

· 183 ·

1. 第 8 导弹师

第 8 导弹师全称是"第 8 梅利托波尔红旗导弹师",其前身是 1960 年 8 月组建的第 25 导弹旅,1961 年 4 月改编为第 8 导弹师,并继承了第 91 摩步师的荣誉称号,隶属于独立第 5 导弹军,1970 年转隶第 29 近卫导弹集团军,后又纳入第 31 近卫导弹集团军建制,司令部驻地为基洛夫州的尤里亚。

第 8 导弹师徽章

第 8 导弹师臂章

第 76 导弹团
基洛夫团

第 304 近卫导弹红旗团

第 776 近卫导弹红旗团

第 2434 导弹技术基地

第 1702 警卫侦察营

2. 第13近卫导弹师

第13近卫导弹师全称是"第13奥伦堡近卫导弹师"。该师于1965年2月组建，并一直隶属于独立第7导弹军（现在的第31近卫导弹集团军），1999年获"奥伦堡导弹师"荣誉称号，司令部驻地为奥伦堡州的栋巴罗夫斯基。

第13近卫导弹师徽章

第13近卫导弹师臂章

第175导弹团

第206导弹团

第13近卫导弹师下属导弹团的标识图片较少。根据网上的图片，我们只能确定第175导弹团和第206导弹团的标识，其他标识只是按照配色的一般规则进行了猜想，可能并不准确，特此向读者说明。

第368导弹团

第494导弹团

第621导弹团

第767导弹团

| 第3920指控和通信大队 | 第681通信中心 | 独立第1708警卫侦察营 |

3. 第42导弹师

第42导弹师全称是"第42塔吉尔导弹师",其前身是1960年2月组建的第202导弹旅,1961年5月升格为第42导弹师,1999年12月获"塔吉尔导弹师"称号,自组建以来,一直隶属于独立第7导弹军(现在的第31近卫导弹集团军),司令部驻地为斯维尔德洛夫斯克州斯沃博德内。

| 第42导弹师徽章 | 第42导弹师臂章 |

| 第142导弹团罗斯拉夫尔红旗团 | 第433近卫导弹团 | 第804导弹团 |

| 第2446导弹技术基地 | 第1710警卫侦察营 | 独立第225直升机中队 |

第一部分　俄罗斯联邦武装力量标识

第 33 近卫导弹集团军

第 33 近卫导弹集团军全称是"第 33 别尔斯拉夫-兴安岭近卫导弹集团军",其前身是 1964 年组建的独立第 7 导弹军,继承了第 109 近卫步兵师的"近卫"称号,1970 年改编为第 33 近卫导弹集团军,司令部驻地为鄂木斯克。

第 33 近卫导弹集团军徽章 　　　　第 33 近卫导弹集团军臂章

1. 第 29 导弹师

第 29 导弹师全称是"第 29 维捷布斯克红旗导弹师",其前身是 1952 年 6 月成立的第 54 特战旅,1953 年改编为第 85 工程旅,1960 年 7 月与第 51 近卫机械化师合并组建第 29 导弹师,继承了第 51 近卫机械化师的荣誉称号。自组建以来,该师一直隶属于第 33 近卫导弹集团军,司令部驻地为伊尔库茨克。

第 29 导弹师徽章 　　　　第 29 导弹师臂章

第 92 近卫导弹团 　　　第 344 近卫导弹团 　　　第 586 近卫导弹团
　　　　　　　　　　　　　　　　　　　　　　　斯维尔团

· 187 ·

第 1893 导弹技术基地 　　　　　第 1628 警卫侦察营

2. 第 35 近卫导弹师

第 35 近卫导弹师全称是"第 35 库图佐夫和亚历山大涅夫斯基近卫导弹师",其前身是 1960 年 5 月成立的第 46 导弹旅,1961 年改编为第 35 导弹师,继承了第 65 炮兵旅的荣誉称号,隶属于独立第 7 导弹军(现在的第 33 近卫导弹集团军),司令部驻地为巴尔瑙尔。

第 35 近卫导弹师徽章 　　　　　第 35 近卫导弹师臂章

第 307 近卫导弹团　　第 479 导弹团　　第 480 导弹团　　第 867 导弹团
科尼斯堡红旗团　　　波美拉尼亚团　　德累斯顿团　　　波洛茨克团

第 3911 导弹技术基地 　第 729 通信中心 　第 1498 警卫侦察营 　独立第 1672 工兵营

3. 第 39 近卫导弹师

第 39 近卫导弹师全称是"第 39 格鲁霍夫红旗近卫导弹师",其前身是 1960 年 5 月组建的第 212 近卫导弹旅,1961 年 4 月扩编为第 39 近卫导弹师,继承了第 1 近卫突破炮兵师的所有荣誉称号,该师组建以来一直隶属于独立第 7 导弹军(现在的第 33 近卫导弹集团军),司令部驻地为新西伯利亚。

第 39 近卫导弹师徽章 　　　　　第 39 近卫导弹师臂章

第 357 近卫导弹团 　　第 382 近卫导弹团 　　第 428 近卫导弹团兹韦尼哥罗德红旗团　　第 2483 技术导弹基地

第 303 通信中心 　　独立第 1674 警卫侦察营 　　第 1756 工兵营 　　独立第 207 直升机中队

4. 第 62 近卫导弹师

第 62 近卫导弹师全称是"第 62 别里斯拉夫–兴安近卫导弹师",前身是 1960 年 11 月组建的第 211 导弹旅下属的一个团,隶属于独立第 7 导弹军(现在的第 33 近卫导弹集团军),司令部驻地为克拉斯诺亚尔斯克边疆区乌茹尔。

第 62 近卫导弹师徽章 　　　　第 62 近卫导弹师臂章

第 229 导弹团
乌祖尔导弹团　　第 269 导弹团 　　第 302 导弹团 　　第 735 导弹团

第 2939 导弹技术基地 　　第 1495 警卫侦察营 　　独立第 75 作战支援营

独立第 68 直升机中队 　　独立工兵营

第一部分 俄罗斯联邦武装力量标识

直属单位

中央指挥所

中央预备指挥所

第1231战斗指挥中心

第1193战斗控制中心
第19打击控制团

第340支援中心

第882中央通信枢纽

第4国家中央科学研究院

第4国家中央跨军种靶场

第79中央数据中心

第1185加密信息中心

第25中央医院

· 191 ·

俄联邦军事力量标识图鉴

第 183 训练中心 　　第 161 技术员学校 　　第 90 跨军种训练中心 　　第 47 跨军种训练中心

第 21 军械库 　　　　第 27 军械库 　　　　第 29 军械库

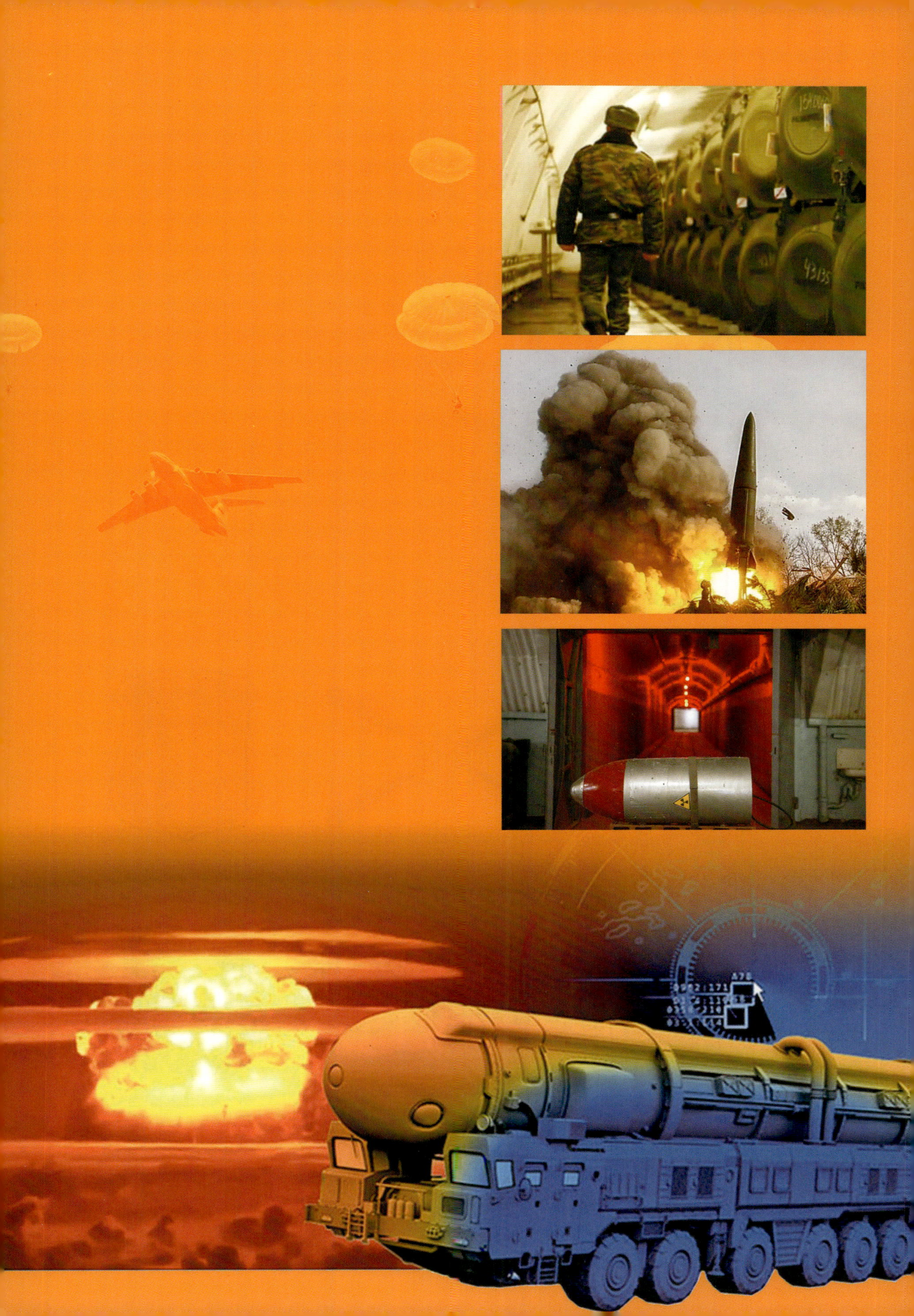

八　核武器存储与技术部队

　　俄罗斯是世界核大国，拥有陆基、海基、空基"三位一体"的核打击能力，储备了大量的核武器，这些核武器涉及大量存储与技术维护工作。俄罗斯国防部第12总局是专司核武器管理的特殊单位，负责弹头的安保、运输和处理工作。有消息称，国防部第12总局负责管理12个国家级中心储存场及34个位于俄罗斯武装部队各个军种和分支机构的基地级存储机构。如果某个时间节点内发生直接军事冲突，国防部第12总局可以预先将国家级中心储存场内的弹头运送至基地级机构。

　　俄罗斯核武器存储与技术部队标识具有较强的辨识特点，其主要元素为交织的3个原子轨道，配以其他背景颜色和辅助元素。例如，空天军的标识是天蓝色背景的，并配有一片桨叶；战略火箭兵的是深蓝色背景的，并配有两支箭矢；海军的是黑色背景的，并配有一支海锚。各类标识上还配有刀、剑、箭、斧、钺、叉、矛、戈等兵器元素，这些元素应该具有特殊的含义，但未找到相应的解释。由于俄罗斯核武器技术部队数量较多，公开信息有限，且有些部队可能已经撤编或整合，部队名称难以确认。因此，此部分很多标识以其部队代号和驻地位置命名，主要是为了向读者展示俄罗斯核武器存储与技术部队标识的设计风格和丰富程度。

国防部第12总局徽章	核安全保障与技术部队旗帜	国防部第12总局臂章
第22通信中心（16685部队）莫斯科州谢尔盖耶夫波萨德区	第84训练中心（14258部队）莫斯科州谢尔盖耶夫波萨德区	第6中央研究靶场（77510部队）阿尔汉格尔斯克新地岛

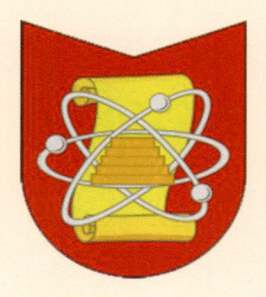

第一部分　俄罗斯联邦武装力量标识

核武器存储库

第 1201 核武器存储库（52015 部队）
哈巴罗夫斯克边疆区阿穆尔河畔共青城

第 917 核武器存储库（40274 部队）
斯维尔德洛夫斯克

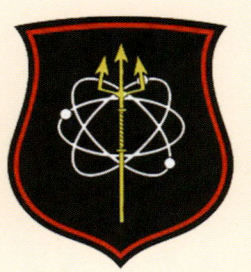

第 956 核武器存储库（62834 部队）
摩尔曼斯克州奥列涅戈尔斯克

第 365 核武器存储库（42685 部队）
布良斯克

第 644 核武器存储库（39995 部队）
伊尔库茨克

第 714 核武器存储库（52025 部队）
莫斯科州莫扎伊斯克

俄联邦军事力量标识图鉴

第 936 核武器存储库（41013 部队）
车里雅宾斯克州特雷克戈尔尼

第 387 核武器存储库（14254 部队）
沃罗涅日州鲍里索格列布斯克

第 957 核武器存储库（25594 部队）
沃洛格达州切布萨拉

维修与技术保障基地

57381 部队
阿穆尔河畔共青城

81385 部队
哈巴罗夫斯克边疆区哈巴罗夫斯克

第一部分 俄罗斯联邦武装力量标识

24562 部队
车里雅宾斯克州特雷克戈尔尼

06031 部队
莫扎伊斯克

54056 部队
布良斯克

24552 部队
沃罗涅日

04197 部队
萨拉托夫

23233 部队
跨贝加尔湖边疆区戈尔内

23227 部队
哈巴罗夫斯克

25007 部队
伊尔库茨克州扎拉林斯基区

第 1431 维修技术基地（68004 部队）
东哈萨克斯坦地区

战略火箭兵核技术保障与维修基地

第 842 维修和技术基地（68886 部队）
萨拉托夫州塔季舍夫斯基区

第 1537 维修和技术基地（54203 部队）
斯维尔德洛夫斯克州斯沃博德尼

第 3009 维修和技术基地（25996 部队）
克拉斯诺亚尔斯克边疆区索尔涅奇尼

第 1508 维修和技术基地（73752 部队）
伊尔库茨克州伊尔库茨克

第一部分　俄罗斯联邦武装力量标识

第 3002 维修和技术基地（93766 部队）
奥伦堡州亚斯尼

第 1532 维修和技术基地（44240 部队）
卡卢加州科泽尔斯克

第 1515 维修和技术基地（08326 部队）
阿尔泰边疆区

第 1531 维修和技术基地（54175 部队）
捷科沃

第 1536 维修和技术基地（54200 部队）
马里埃尔共和国约什卡尔-奥拉

26219 部队
卡卢加州基洛夫斯基区

第 1541 维修和技术基地（54245 部队）
新西伯利亚州新西伯利亚

第 1501 维修和技术基地（33787 部队）
特维尔州奥泽尔尼

· 199 ·

海军核技术保障与维修基地

第130维修和技术基地（69273部队）
摩尔曼斯克州加吉耶沃

81265部队
摩尔曼斯克州北莫尔斯克市

52522部队
克拉斯诺达尔边疆区新罗西斯克

40689部队
哈巴罗夫斯克边疆区蒙戈赫托

36199部队
滨海边疆区福基诺

31268部队
堪察加边疆区维留钦斯克

第一部分　俄罗斯联邦武装力量标识

22931 部队
摩尔曼斯克州枣泽尔斯克市

20336 部队
加里宁格勒州科洛索夫卡

空天军核技术保障与维修基地

77910 部队
萨拉托夫州恩格斯

75365 部队
诺夫哥罗德州索尔齐

77944 部队
哈巴罗夫斯克边疆区阿穆尔河畔共青城

26221 部队
伊尔库茨克州乌索尔斯基区

55796 部队
罗斯托夫州莫罗佐夫斯克

54160 部队
跨贝加尔湖边疆区（已撤编）

44806 部队
列宁格勒州加特契纳区

32161 部队
克拉斯诺达尔边疆区叶伊斯克

27835 部队
阿穆尔州塞里舍夫斯基区

23477 部队
滨海边疆区乌苏里斯克

23476 部队
斯摩棱斯克州波钦科夫斯基区

19089 部队
特维尔州加里宁斯基区

ВОЕННАЯ АКАДЕМИЯ
ГЕНЕРАЛЬНОГО ШТАБА
ВООРУЖЕННЫХ СИЛ
РОССИЙСКОЙ ФЕДЕРАЦИИ

九　军事院校

俄军军事院校自1992年至今经历了5次改革重组。目前，俄军有27所军事院校，分别隶属于国防部、总参谋部及各军兵种。俄军军事院校的徽章主要包括3部分元素，一是花环，二是书本状盾牌，三是盾牌中的院校独特小标识。值得注意的是，花环上的双头鹰标识是区分院校隶属关系或所属军兵种的重要标记。此外，自2014年起，俄罗斯国防部在全国范围内建立了少年军校，主要包括总统武备学校、武备中学、苏沃洛夫军事学校、纳西莫夫海军学校等。这些学校被称为预备军官学校，是俄罗斯培养青少年升入高等军事院校学习并为将来担任武装力量军官职务做准备的中等军事学校。这些学校徽章上的元素大多为交叉放置的指挥刀和羽毛笔，中间还有所处州或城市的徽章元素。

国防部及总参谋部院校

总参谋部军事学院起源于1832年8月26日成立的帝国军事学院，是我军最高军事学府，其主要任务是为俄联邦武装力量培养高级指挥员，同时也为政府部门和国家安全机构培养高级官员及培训国外军事留学生等。

军事通信学院全称为"布琼尼元帅军事通信学院"，起源于1911年11月成立的工农红军指挥员高级电子工程技术学校。当前，该学院主要为俄军培养通信兵指挥和工程技术军官。

总参谋部军事学院 　　　　　　　军事通信学院

三防兵军事学院全称为"铁木辛哥元帅三防兵军事学院"，起源于1932年苏联红军时期成立的工农红军军事化学学院。当前，主要负责为俄军培养三防兵指挥和工程技术军官。

克拉斯诺达尔军事学院全称为"什捷缅科大将克拉斯诺达尔军事学院"，起源于苏联红军时期，是俄军目前唯一一所培养机要通信和信息安全方面军官的院校。

第一部分　俄罗斯联邦武装力量标识

三防兵军事学院 　　　　　克拉斯诺达尔军事学院

秋明高等工程指挥学院全称为"库图佐夫高等工程指挥学院"，起源于塔林军事步兵学校。目前，该学院主要为俄军各军兵种部队培养工程兵指挥军官。

物资技术保障军事学院全称为"赫鲁廖夫物资技术保障军事学院"，起源于1900年圣彼得堡成立的世界上第一个后方特殊军事教育机构——军需官培训班。目前，该学院是俄军培养后勤和运输专业工程与技术军官的高等军事院校。

秋明高等工程指挥学院 　　　物资技术保障军事学院

物资技术保障军事学院奔萨分校主要为俄军培养火炮和火箭炮等装备维护方面的工程和技术保障人员。

物资技术保障军事学院沃尔斯克分校主要为俄军培养油料、被装、食品等供应方面的工程和技术人员。

物资技术保障军事学院　　　物资技术保障军事学院
　　　奔萨分校　　　　　　　　沃尔斯克分校

· 205 ·

物资技术保障军事学院鄂木斯克分校主要为俄军培养装甲车辆方面的工程和技术保障人员。

铁路部队和军事通信研究院主要为俄军培养铁路交通方面的工程和技术保障人员。

物资技术保障军事学院
鄂木斯克分校

铁路部队和军事通信研究院

军事工程与技术研究院负责为俄军培养基建工程和技术、后勤设施建造和维护、消防安全等方面的工程和技术人员。

无线电电子军事大学全称为"朱可夫元帅无线电电子军事大学",其历史可以追溯到1957年在切列波韦茨市成立的切列波韦茨军事指挥学校。目前,这所大学隶属于总参谋部通信总局,是俄军培养无线电电子工程技术军官和士官的专业院校。

军事工程与技术研究院

无线电电子军事大学

国防部军事大学全称为"亚历山大·涅夫斯基王子军事大学",是我军一所培养人文、教育、出版、翻译、司法、新闻等专业军官的综合性高等军事院校。

军事医学院全称为"基洛夫军事医学院",创建于1798年,是在圣彼得堡医学外科学校的基础上发展起来的。目前,军事医学院是俄联邦为国防部及各军兵种培养医学专业技术人员的高等职业教育院校。

军事体育学院前身是1909年成立的体操击剑学校,是俄军唯一一所培养体育运动专业军官和教练的院校。

第一部分　俄罗斯联邦武装力量标识

国防部军事大学 　　　军事医学院 　　　军事体育学院

军兵种院校

1. 陆军下辖院校

陆军教学科研中心以陆军诸兵种合成军事学院为基础，由 13 所分属国防部、陆军、空降兵的部分院校整体或部分专业整合组建。该中心标识沿用诸兵种合成军事学院的徽标。

陆军教学科研中心
诸兵种合成军事学院

陆军教学科研中心合并涉及的学校如下所示，但随着改革调整，远东、喀山、莫斯科、新西伯利亚高等军事指挥学校和梁赞空降兵指挥学校逐步恢复独立办学，前 4 所学校的徽章在下文对应的介绍处又重新给出，以便读者鉴赏。

远东　　　　喀山　　　　莫斯科　　　新西伯利亚
高等军事指挥学校　高等军事指挥学校　高等军事指挥学校　高等军事指挥学校

叶卡捷琳堡	梁赞	科舍沃伊	梁赞
高级炮兵指挥学校	空降兵指挥学校	鄂木斯克坦克工程学校	军事汽车专科学校

车里雅宾斯克	图拉	奔萨
高等汽车工程指挥学校	炮兵工程专科学校	炮兵工程专科学校

防空兵军事学院全称为"华西列夫斯基防空兵军事学院",其前身是 1918 年成立的斯摩棱斯克红军学校。目前,该学院是俄陆军培养防空兵指挥与工程技术军官的高等院校。

米哈伊洛夫斯基炮兵军事学院的前身是 1820 年成立的米哈伊洛夫斯基炮兵学校,是俄陆军培养导弹兵和炮兵指挥与工程技术军官的高等院校。

防空兵军事学院	米哈伊洛夫斯基炮兵军事学院

新西伯利亚高等军事指挥学校的前身是 1967 年成立的高级合成军队政治学校,目前是一所俄陆军培养指挥军官的高等院校。

远东高等军事指挥学校的前身是 1940 年组建的符拉迪沃斯托克步兵学校,2008 年并入陆军教学科研中心,2015 年恢复独立,目前是一所俄陆军培养指挥军官的高等院校。

第一部分　俄罗斯联邦武装力量标识

新西伯利亚
高等军事指挥学校

远东
高等军事指挥学校

喀山高等军事指挥学校的前身是 1866 年成立的喀山荣客军事学校，1998 年并入车里雅宾斯克坦克兵学院，2004 年独立为喀山坦克兵高等指挥学校，2009 年并入陆军教学科研中心，2017 年再次独立。目前它是俄陆军坦克装甲兵培训的主要院校。

莫斯科高等军事指挥学校创建于 1917 年，1998 年更名为莫斯科军事学院，2004 年改为莫斯科高等军事指挥学校，2010 年并入陆军教学科研中心不再是一个独立的学校，2013 年改为现名，2017 年恢复独立，主要为俄陆军培养摩步部队指挥军官。

喀山高等军事指挥学校

莫斯科高等军事指挥学校

2. 空天军下辖院校

空天军教学科研中心以茹科夫斯基和加加林空军学院为基础，合并了空军所属的 7 所院校，茹科夫斯基和加加林空军学院以前分别为茹科夫斯基空军工程学院和加加林空军学院。该中心主要负责培养空天军作战、后勤、通信、领航等专业的指挥员。

茹科夫斯基空军工程学院是 1919 年俄国著名科学家茹科夫斯基提议建立的莫斯科航空技术学校，1998 年被命名为军事航空技术大学，2002 年恢复为茹科夫斯基空军工程学院。

加加林空军学院是 1940 年从茹科夫斯基空军工程学院中分离出来的院校，主要培养空军指挥员和领航员，1946 年被命名为加加林空军学院。

空天军教学科研中心　　　　　茹科夫斯基　　　　　　　　加加林空军学院
茹科夫斯基和加加林空军学院　　空军工程学院 

　　茹科夫斯基空军工程学院、加加林空军学院、沃罗涅日军事航空工程大学、沃罗涅日军事无线电电子学院、伊尔库茨克高等军事航空工程学院、斯塔夫罗波尔高等军事航空工程学校和坦波夫空军无线电电子学院7所院校被合并入空天军教学科研中心。

沃罗涅日　　　　　　　　沃罗涅日　　　　　　　　伊尔库茨克
军事航空工程大学　　　军事无线电电子学院　　高等军事航空工程学院

斯塔夫罗波尔　　　　　　　　坦波夫
高等军事航空工程学校　　空军无线电电子学院

　　梁赞分校主要为俄空天军培养直升机飞行员。车里雅宾斯克分校主要为俄空天军培养领航员。

梁赞分校 　　　　　　　　车里雅宾斯克分校

  克拉斯诺达尔高等军事航空学院的前身为1938年成立的第30飞行员军事学校，2010年并入空军军事教学科研中心，2015年，成为空天军的独立院校。目前，该学院主要为俄空天军培养歼击航空兵飞行员和航空工程技术军官，并负责外军飞行员培训。

  雅罗斯拉夫尔高等防空军事学院的前身是1965年成立的雅罗斯拉夫尔军事技术学校，隶属于防空军，1998年随防空军并入空军并改称为防空兵防空导弹专科学校，2004年升格为高等学院。目前，该学院主要为俄空天军培养防空导弹指挥与工程技术军官。

克拉斯诺达尔　　　　　　　　雅罗斯拉夫尔
高等军事航空学院　　　　　　高等防空军事学院

  空天防御军事学院全称为"朱可夫元帅空天防御军事学院"，其前身为1956年组建的防空军事学院（加里宁），1998年命名为防空军事大学，2004年改为现名。目前，该学院是俄军培养国土防空指挥与工程技术军官的高等军事院校。

  军事航天学院全称为"莫扎伊斯基军事航天学院"，其前身是1712年在彼得堡创立的军事工程学校，1998年被命名为军事航天工程大学，2002年航天兵成立后改称为现名。目前，该学院是培养俄空天军指挥与工程技术军官的高等军事院校。

空天防御军事学院 　　　军事航天学院

3. 海军下辖院校

海军教学科研中心以库兹涅佐夫海军学院为基础，由海军所属的 6 所军事院校和 4 个科研培训机构整合建立。该中心是俄海军唯一一所培养海军所有学科和专业指挥军官及专业技术人员的教学机构。

海军教学科研中心
库兹涅佐夫海军学院　　　海军工程学院 　　　彼得大帝圣彼得堡海军陆战学院

海军高级特种军官学校 　　　波波夫海军无线电电子研究所

太平洋海军学院全称为"马卡罗夫太平洋海军高等军事学院"，其前身是 1936 年成立的第三海军学校。目前，该学院为俄海军培养工程指挥专业技术军官。

黑海高等海军学院全称为"纳希莫夫黑海军高等军事学院"，其前身是 1937 年在塞瓦斯托波尔成立的海军指挥官军事学校。目前，该学院为俄海军培养舰艇和部队指挥员。

波罗的海海军学院全称为"乌沙科夫波罗的海海军学院"，其前身是 1948 年在第二波罗的海高等海军学校基础上建立的加里宁格勒海军预备学校，2009 年并入海军教学研究中心，2023 年恢复独立办学。目前，该学院为俄海军培养无线通信、无线电广播和电视、自动控制系统的专业技术军官。

第一部分　俄罗斯联邦武装力量标识

太平洋海军学院　　　　黑海高等海军学院　　　　波罗的海海军学院

4. 战略火箭兵下辖院校

战略导弹学院全称为"彼得大帝战略火箭兵军事学院",其前身是 1820 年俄罗斯历史上第一所炮兵学校——米哈伊尔炮兵学校,1998 年更名为彼得大帝战略火箭军军事学院,2009 年合并了罗斯托夫战略火箭兵军事专科学校和谢尔普霍夫战略火箭兵军事专科学校。该学院是战略火箭兵最高军事院校,主要为战略火箭兵培养指挥和工程技术军官。

战略导弹学院谢尔普霍夫分校主要为战略火箭兵培养导弹系统工程技术人员。

战略导弹学院　　　　战略导弹学院谢尔普霍夫分校

5. 空降兵下辖院校

梁赞空降兵高等军事指挥学院的前身是 1918 年开设的梁赞指挥员培训班,后经过多次院校调整,名称几经变更,1998 年改为空降兵专科学校,2004 年升格为梁赞空降兵高等军事指挥学院,是空降兵唯一一所军官学院,为俄空降兵培养指挥军官。

梁赞空降兵高等军事指挥学院

· 213 ·

少年军校

1. 总统武备学校

| 奥伦堡 总统武备学校 | 斯塔罗夫波尔 总统武备学校 | 克拉斯诺达尔 总统武备学校 | 秋明 总统武备学校 |

| 克孜勒 总统武备学校 | 彼得罗扎沃茨克 总统武备学校 | 麦克罗沃 总统武备学校 |

2. 武备中学

| 莫斯科武备中学 （国防部女子寄宿学校） | 圣彼得堡武备中学 （国防部女子寄宿学校） | 喀浪施塔得 海军武备中学 |

第一部分　俄罗斯联邦武装力量标识

阿克塞哥萨克 武备中学	鄂木茨克 军事武备中学	军事通信学院 IT 技术武备中学
空军教学科研中心 工程武备中学	军事体育专科学校 体育武备中学	未来科技武备中学

3. 苏沃洛夫少年军校

北高加索 苏沃洛夫军事学校	莫斯科 苏沃洛夫军事学校	圣彼得堡 苏沃洛夫军事学校
乌苏里斯克 苏沃洛夫军事学校	叶卡捷琳堡 苏沃洛夫军事学校	彼尔姆 苏沃洛夫军事学校

喀山 苏沃洛夫军事学校	 特维尔 苏沃洛夫军事学校	 乌里扬诺夫斯克 苏沃洛夫军事学校
 伊尔库茨克 苏沃洛夫军事学校	 图拉 苏沃洛夫军事学校	 莫斯科 军事音乐学校

4. 纳西莫夫海军军事学校

 纳西莫夫海军军事学校	 纳西莫夫海军军事学校 符拉迪沃斯托克 总统武备分校	 纳西莫夫海军军事学校 塞瓦斯托波尔 总统武备分校
 纳西莫夫海军军事学校 摩尔曼斯克分校		 纳西莫夫海军军事学校 加里宁格勒分校

曾经建立的院校

俄军历史上建立过许多军事院校,很多院校因改革调整或其他原因被裁撤或合并,因此不可能按照俄军新的纹章规定设计出新的院校徽章,然而有些军事爱好者根据俄军纹章的设计理念,结合这些院校原有的徽章元素,对其进行了设计,本书将这些徽章收集起来供读者鉴赏。

克麦罗沃 高等军事通信学院	梁赞 高等通信指挥学院	圣彼得堡 高等军事通信工程学院	新切尔卡斯克 军事通信学院

切列波维茨 无线电电子工程学院	圣彼得堡 高等军事无线电学院	莫斯科 航天兵无线电电子学院	斯塔夫罗波尔战略火箭兵 军事通信学院

坦波夫 防化指挥学院	科斯特罗马 三防高级指挥学院	萨拉托夫 防化工程学院

乌里扬诺夫斯克 高等军事技术学院	下诺夫哥罗德 军事工程指挥学院	古比雪夫 军事工程大学	沃尔斯克 军事物资保障学院

俄联邦军事力量标识图鉴

陶里亚蒂 军事技术学院	巴拉希哈 军事工程学院	圣彼得堡 工程技术学院

马利诺夫斯基元帅 高等坦克兵学院	布拉戈维申斯克 高等坦克兵指挥学院	车里雅宾斯克 高等坦克兵学院	乌里扬诺夫斯克 高等坦克兵学院

列宁格勒 高等炮兵学院	科洛姆纳 炮兵学院	喀山 炮兵指挥学院	鄂木斯克 高等诸兵种合成军事学院

萨拉托夫军事医学院	军事兽医学院

第一部分　俄罗斯联邦武装力量标识

叶伊斯克 高等军事航空飞行学院	马斯尼科夫 高等军事飞行学院	鲍里索格列布斯克 高等军事航空飞行学院	诺维科夫空军元帅 航空飞行学院
阿尔马维尔 高等军事航空学院	巴尔瑙尔 高等军事航空学院	坦波夫 高等军事航空学院	
罗斯托夫内德林 战略导弹学院	彼尔姆 战略导弹学院	克拉斯诺达尔 战略导弹学院	
诺夫哥罗德 防空导弹学院	奥伦堡 防空导弹学院	萨拉托夫 防空导弹学院	列宁·共青团 高等海军潜水学院

· 219 ·

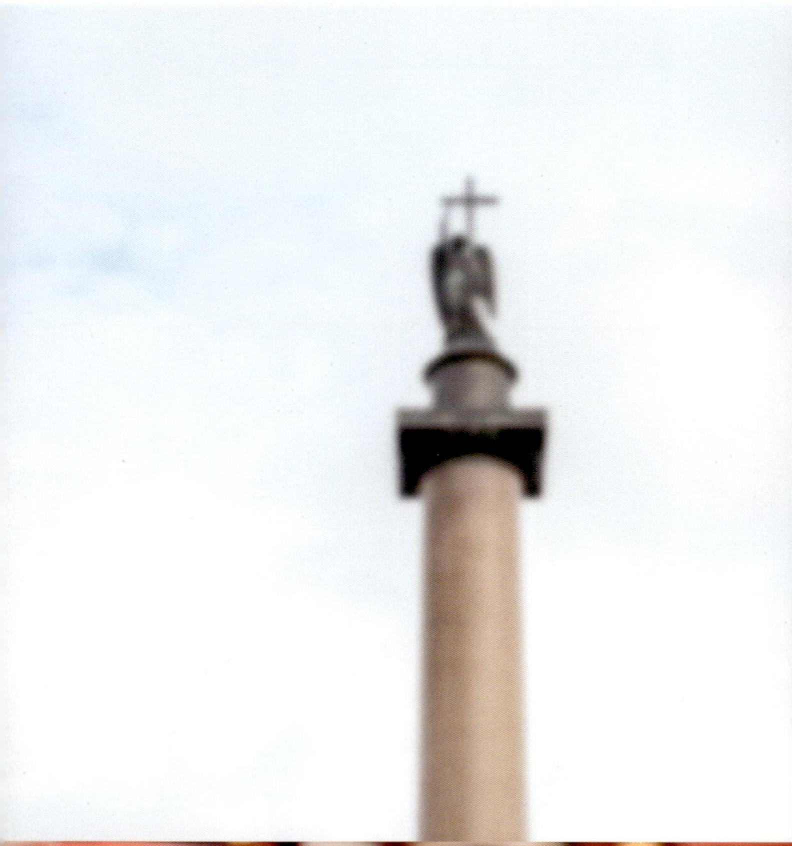
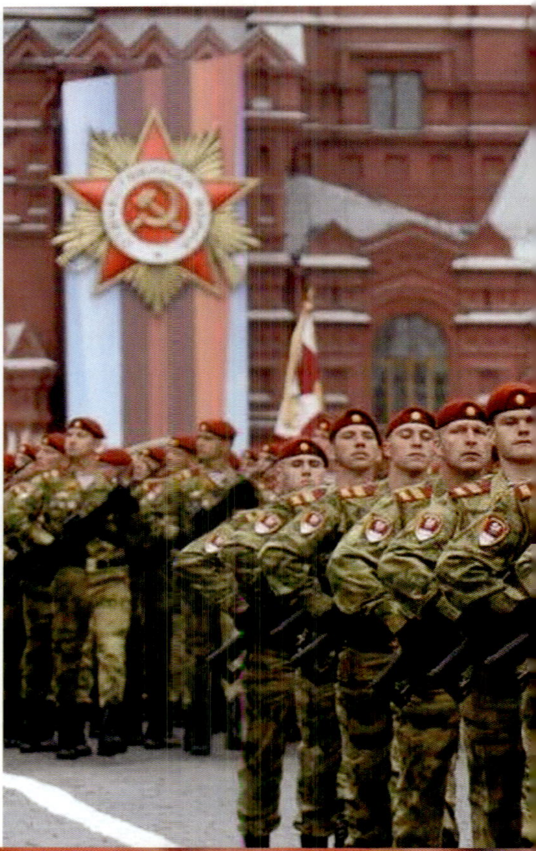
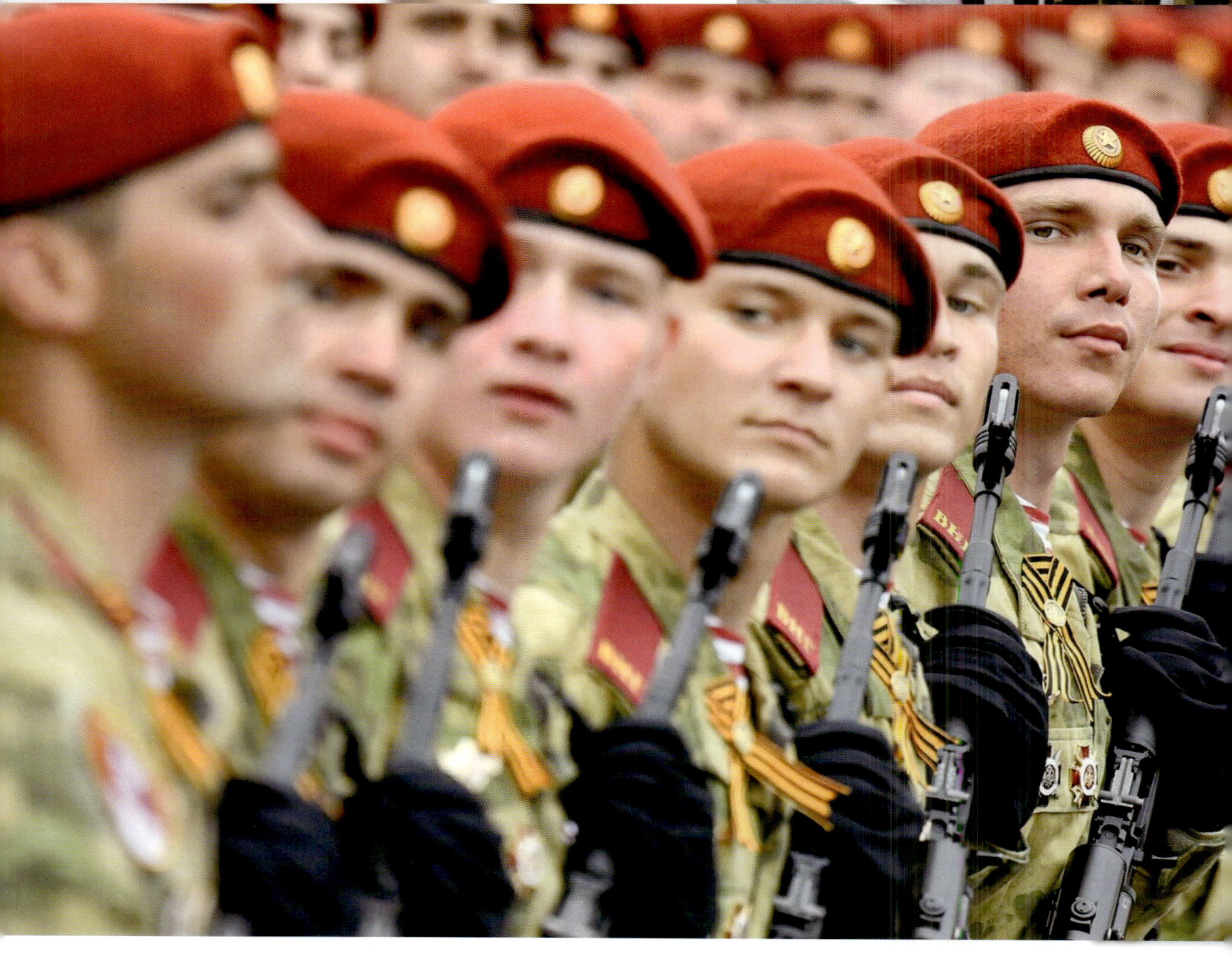

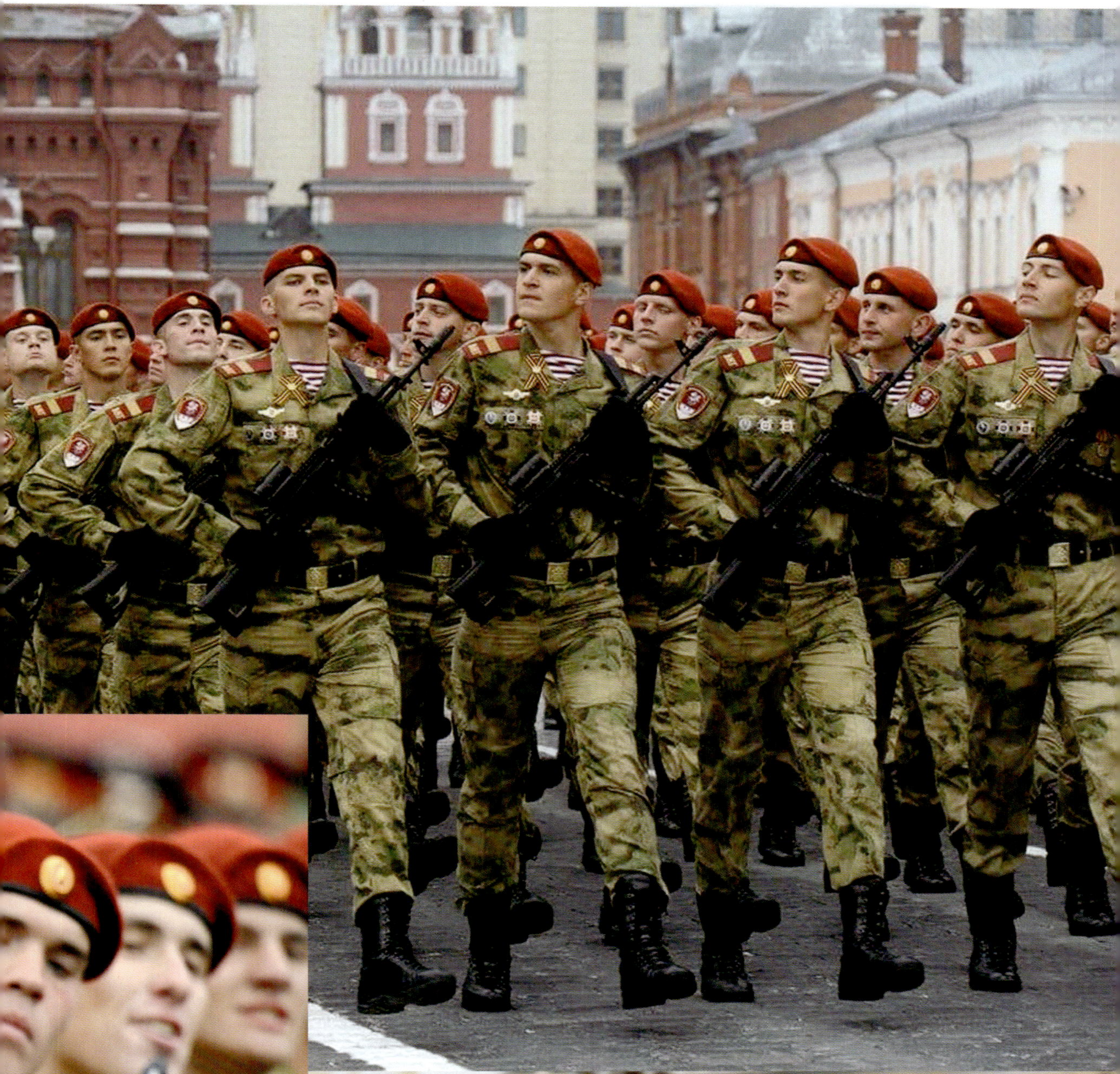

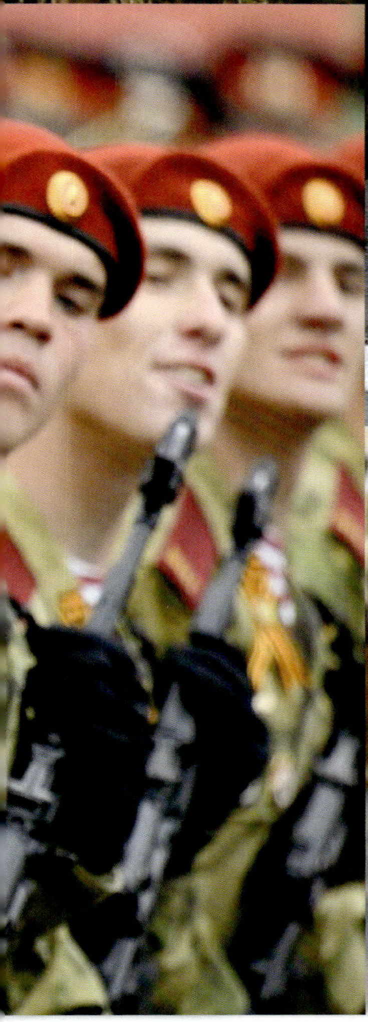

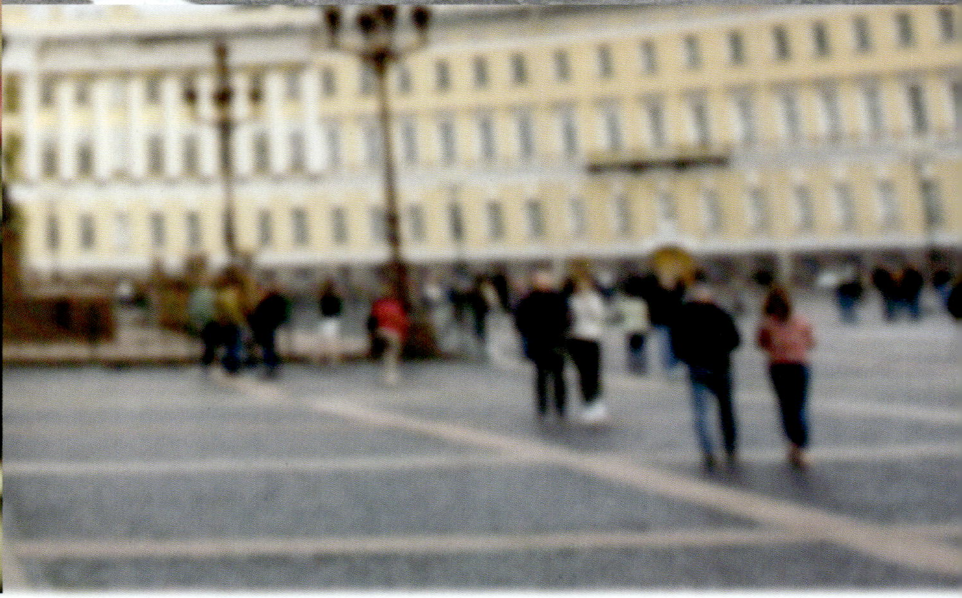

第二部分
俄联邦国民近卫军

俄联邦国民近卫军的前身是苏联时期的内卫部队，隶属于苏联内务部。1991 年 12 月 25 日，苏联解体，原苏联内务部下属的军事力量被新生的俄联邦内务部接管，并在其指挥下开展军事行动。2016 年 4 月 5 日，俄联邦总统普京签署第 157 号令《关于俄罗斯联邦国民近卫军服务问题》，授权组建俄联邦国民近卫军。2016 年 7 月 3 日，俄联邦第 226-7 FZ 号令《关于俄罗斯联邦国民近卫军》正式生效，明确了俄联邦总统对国民近卫军有指挥权。俄联邦国民近卫军遵守联邦宪法、部门条例、总统令及其他相关联邦法律，同时在其活动领域内，还需接受制定和执行联邦法律法规职能的联邦机关的监管。

2016 年 12 月 20 日，俄联邦总统普京签署第 685 号令《关于俄罗斯联邦国民近卫军徽章、旗帜的相关条例》。该总统令批准了国民近卫军的双头鹰徽章、军旗样式及其使用规定。俄罗斯国民近卫军的标识与武装力量的标识整体上略有区别，主要体现在标识的盾牌上加上了国民近卫军的双头鹰徽标，下方有反映国民近卫军"时刻保持警惕"口号的彩带。对于国民近卫军部队层面标识而言，部队的编制等级基本遵循了武装力量等级标识，如师、旅、团、营的标识形状，不同之处在于标识盾牌的两侧添加了缠绕彩带的各地区标志性兵器元素，如东部地区的是长矛、伏尔加地区的是斧头等，这也是判断一支国民近卫军隶属于哪个地区最明显的标识。每支部队盾牌中央的最为明显的元素则是部队所在共和国、区、州、市的标识，这体现了部队的地方性特征，据此也可以判断该部队驻扎地点。

第二部分　俄联邦国民近卫军

俄联邦国民近卫军徽章 　　俄联邦国民近卫军旗帜 　　俄联邦国民近卫军臂章

俄联邦国民近卫军专业兵标识如下：

工程 　　通信 　　医疗 　　安全支援保障

航空兵 　　快速反应部队 　　机动特种作战部队

私人安保 　　管弦乐队 　　战略研究中心

· 223 ·

一　俄联邦国民近卫军司令部机构

司令部办公厅	作战总局	情报总局	组织动员总局
通信总局	测绘总局	特种部队总局	训练总局
军事科学局	兵役和安全总局	水上警卫部队总局	航空部队总局
内部安全总局	炮兵总局	三防兵总局	后勤保障总局

第二部分　俄联邦国民近卫军

| 公共秩序维护局 | 干部总局 | 人员工作总局 | 组织总局 |

| 法治局 | 工程兵总局 | 消防局 | 设施防卫总局 |

| 医疗总局 | 公共采购局 | 财政和经济局 | 财务控制和审计局 |

| 武器装备总局 | 建设局 | 军乐局 |

· 225 ·

| 军犬训练局 | 媒体和社会协调局 | 私人安保局 |

| 监察局 | 审批许可工作局 | 国家信息技术中心 |

二　"捷尔任斯基"独立特种作战师

　　成立于1924年的"捷尔任斯基"独立特种作战师是内务部特种部队的主力，曾参加苏联卫国战争和车臣战争。目前，该师的主要任务是维护莫斯科和莫斯科州的安全，同时被编入北高加索地区的联合反恐集群。1926年，该师正式以"克格勃鼻祖"、苏联情报机构"契卡"创始人捷尔任斯基的名字命名。1994年2月，"捷尔任斯基"独立特种作战师的名称被取消，但在2014年9月22日，俄联邦总统普京签发总统令，恢复了该部队的"捷尔任斯基"独立特种作战师称号。

独立特种作战师
第3111部队

第604特种任务中心
3179部队

第2特种团
3186部队

第4特种团
3419部队

第5特种团
3500部队

第16特种部队训练中心
3421部队

独立第319训练保障中心
3058部队

独立通信营
3128部队

俄联邦军事力量标识图鉴

独立维修营
3187 部队

独立第 4 核生化防护营
3401 部队

驻军营房维护营
3492 部队

独立医疗营
3575 部队

独立第 344 指挥营
6771 部队

独立第 441 安全支援营
6909 部队

独立第 752 工兵营
6923 部队

· 228 ·

三 东部地区国民近卫军

东部地区 国民近卫军徽章	 东部地区 国民近卫军臂章	东部地区象征标识
 内卫部队	 作战部队	 特殊任务部队
 特种部队司令部	 机动特种作战部队	 特别快速反应部队
 私人安保	 炮兵部队	 领土机构各部门 军事人员和雇员

229

俄联邦军事力量标识图鉴

工程兵部队 　　　　后勤保障部队 　　　　训练单位

通信部队 　　　　医疗机构 　　　　航空部队

海上部队 　　　　军乐队 　　　　审批许可工作局

第21特种任务支队　　第1海上支队　　独立第31海上训练中心　　某军亭临床医院
6767部队　　　　　3800部队　　　　7628部队　　　　　　　　E538部队

第二部分　俄联邦国民近卫军

独立第 388 内卫营
3494 部队

独立第 1 混合航空兵大队
3524 部队

独立第 641 内卫营
3537 部队

某通信营
3575 部队

独立第 336 安全支援营
7482 部队

独立第 748 作战营
6912 部队

四 西伯利亚地区国民近卫军

西伯利亚地区国民近卫军徽章

西伯利亚地区国民近卫军臂章

西伯利亚地区象征标识

内卫部队

作战部队

特殊任务部队

特种部队司令部

机动特种作战部队

特别快速反应部队

私人安保

炮兵部队

领土机构各部门军事人员和雇员

第二部分　俄联邦国民近卫军

工程兵部队 　　　　　　　后勤保障部队 　　　　　　　训练单位

通信部队 　　　　　　　　医疗机构 　　　　　　　　　航空部队

海上部队 　　　　　　　　军乐队 　　　　　　　　　　审批许可工作局

独立第 98 内卫师　　　　 第 44 内卫团　　　　　　　 第 555 内卫团
3478 部队　　　　　　　　3481 部队　　　　　　　　　3287 部队

· 233 ·

俄联邦军事力量标识图鉴

第 592 内卫团	第 563 内卫团	独立安全支援营
3480 部队	3484 部队	6911 部队

独立第 91 内卫旅	第 541 内卫团	第 556 内卫团
7486 部队	3466 部队	3377 部队

第 557 内卫团	某独立内卫营	独立第 525 内卫营
3476 部队	2669 部队	3475 部队

第 19 特种任务支队	独立安全和支援营	独立第 184 通信营
6749 部队	2668 部队	3698 部队

· 234 ·

第二部分　俄联邦国民近卫军

独立第 10 航空兵中队
3733 部队

第 7 临床和诊断中心
5567 部队

第 63 作战团
3695 部队

第 656 作战团
6720 部队

第 27 特种任务支队
6607 部队

第 88 教导团
7543 部队

独立第 2 航空中队
3543 部队

五　乌拉尔地区国民近卫军

乌拉尔地区 国民近卫军徽章	乌拉尔地区 国民近卫军臂章	乌拉尔地区象征标识
内卫部队	作战部队	特殊任务部队
特种部队司令部	机动特种作战部队	特别快速反应部队
私人安保	炮兵部队	领土机构各部门 军事人员和雇员

第二部分　俄联邦国民近卫军

工程兵部队 　　　　　后勤保障部队 　　　　训练单位

通信部队 　　　　　　医疗机构 　　　　　　航空部队

海上部队 　　　　　　军乐队 　　　　　　　审批许可工作局

第 93 内卫师　　　第 42 内卫团　　　第 546 内卫团　　　某内卫团
3273 部队　　　　 3445 部队　　　　 3442 部队　　　　 3446 部队

· 237 ·

俄联邦军事力量标识图鉴

第 562 内卫团 3468 部队	第 32 海上支队 6777 部队	独立第 28 内卫营 3448 部队	独立第 928 内卫营 3498 部队
第 96 内卫师 3469 部队	独立第 138 内卫团 3275 部队	第 543 内卫团 3280 部队	第 620 内卫团 3474 部队
独立第 214 通信营 3728 部队	独立第 9 航空兵中队 3732 部队	独立第 355 支援营 7605 部队	第 5 军事临床医院 3055 部队
第 12 特种任务支队 6748 部队	第 23 特种任务支队 6830 部队	第 601 军犬训练中心 3059 部队	独立第 374 内卫营 3411 部队

· 238 ·

第二部分　俄联邦国民近卫军

六　伏尔加地区国民近卫军

伏尔加地区 国民近卫军徽章	伏尔加地区 国民近卫军臂章	伏尔加地区象征标识
内卫部队	作战部队	特殊任务部队
特种部队司令部	机动特种作战部队	特别快速反应部队
私人安保	炮兵部队	领土机构各部门 军事人员和雇员

·239·

工程兵部队 　　　　　　　后勤保障部队 　　　　　　训练单位

通信部队 　　　　　　　　医疗机构 　　　　　　　　航空部队

海上部队 　　　　　　　　军乐队 　　　　　　　　　审批许可工作局

第 94 内卫师　　　　　第 43 内卫团　　　　　某内卫团　　　　　独立第 594 特种摩步团
3274 部队　　　　　　3450 部队　　　　　　3452 部队　　　　　3473 部队

第二部分　俄联邦国民近卫军

某内卫营
3684 部队

某内卫营
3706 部队

某内卫营
3796 部队

独立第 262 安全支援营
7408 部队

第 79 内卫旅
6676 部队

第 561 内卫团
3424 部队

某内卫团
3426 部队

某内卫营
3479 部队

独立第 428 内卫营
3730 部队

某内卫营
6819 部队

第 4 军事临床医院
3713 部队

独立第 34 作战旅
3671 部队

独立第 271 通信营
5578 部队

· 241 ·

第 26 特种任务支队
5598 部队

第 29 特种任务支队
6795 部队

第 86 特种摩步团
5561 部队

第 15 人员训练中心
第 524 预备役训练团
6622 部队

独立第 8 航空兵中队
3731 部队

军犬训练中心
6900 部队

七　北高加索地区国民近卫军

北高加索地区
国民近卫军徽章

北高加索地区
国民近卫军臂章

北高加索地区象征标识

内卫部队

作战部队

特殊任务部队

特种部队司令部

机动特种作战部队

特别快速反应部队

炮兵部队

领土机构各部门
军事人员和雇员

工程兵部队

后勤保障部队

训练单位

俄联邦军事力量标识图鉴

| 通信部队 | 医疗机构 | 航空部队 |

| 海上部队 | 军乐队 | 审批许可工作局 |

| 独立第46作战旅 3025部队 | 第94作战团 6779部队 | 第96作战团 6730部队 |

| 第141特种摩步团 4156部队 | 第147作战团 6778部队 | 第140炮兵团 3761部队 |

第二部分　俄联邦国民近卫军

独立第 424 作战营
2671 部队

独立第 349 特种摩步营
4157 部队

独立第 358 作战营
6776 部队

独立第 353 通信营
6784 部队

独立第 354 工兵营
6785 部队

某维修技术营
6786 部队

独立第 356 物资支援营
6787 部队

独立第 357 医疗营
6788 部队

某油料管道营
6790 部队

第 34 特种任务支队
6775 部队

独立第 49 作战旅
3748 部队

独立第 121 作战团
3723 部队

· 245 ·

独立第 126 作战团　　　　第 674 作战团　　　　独立第 383 作战营
3718 部队　　　　　　　　3737 部队　　　　　　　3724 部队

独立第 362 作战营　　　独立第 243 通信营　　　第 17 特种任务支队
3754 部队　　　　　　　　3773 部队　　　　　　　6752 部队

独立第 102 作战旅　　　某特种任务支队　　　　某作战团
6752 部队　　　　　　　　6499 部队　　　　　　　7629 部队

独立炮兵营　　　　　　独立第 376 作战营　　　某独立作战营
6904 部队　　　　　　　　5389 部队　　　　　　　6913 部队

第二部分　俄联邦国民近卫军

第 30 特种任务支队
5559 部队

独立第 244 通信营
3774 部队

独立第 6 特种
航空兵中队
6941 部队

独立第 60 作战支援营
7427 部队

独立第 281 工兵团
5588 部队

独立第 685 混合
特种航空兵团
5592 部队

独立第 343 安全支援营
6770 部队

第 4 军事临床医院
3726 部队

八 中央地区国民近卫军

中央地区
国民近卫军徽章

中央地区
国民近卫军臂章

中央地区象征标识

内卫部队

作战部队

特殊任务部队

特种部队司令部

机动特种作战部队

特别快速反应部队

私人安保

炮兵部队

领土机关各部门
军事人员和雇员

第二部分　俄联邦国民近卫军

工程兵部队 　　　　　　　后勤保障部队 　　　　　　　训练单位

通信部队 　　　　　　　　医疗机构 　　　　　　　　　航空部队

海上部队 　　　　　　　　军乐队 　　　　　　　　　　审批许可工作局

第 95 内卫师　　　第 55 作战师　　　独立第 21 作战旅　　第 499 教导旅
3272 部队　　　　 5401 部队　　　　3641 部队　　　　　6681 部队

· 249 ·

第 547 教导团 3270 部队	第 591 内卫团 3382 部队	第 107 特种摩步团 3747 部队	第 581 特种摩步团 3792 部队
第 687 内卫团 3795 部队	第 109 特种摩步团 5126 部队	第 102 特种摩步团 5128 部队	第 104 特种摩步团 5129 部队
某通信团 5583 部队	第 503 内卫团 6549 部队	第 33 特种任务支队 6796 部队	第 25 特种任务支队 7459 部队
第 236 安全与支援团 7456 部队	独立第 67 内卫营 3512 部队	独立第 7 内卫营 3527 部队	

第二部分　俄联邦国民近卫军

独立第 66 内卫营
3559 部队

独立第 447 内卫营
3651 部队

某独立内卫营
3677 部队

独立第 16 内卫营
3678 部队

独立第 165 内卫营
3679 部队

独立第 11 混合
特种航空兵中队
3734 部队

独立第 43 内卫营
6891 部队

某营
6898 部队

某营
6901 部队

第 7 临床和诊断中心
6892 部队

· 251 ·

九　西北地区国民近卫军

西北地区
国民近卫军徽章

西北地区
国民近卫军臂章

内卫部队

作战部队

特殊任务部队

特种部队司令部

机动特种作战部队

特别快速反应部队

私人安保

炮兵部队

领土机构各部门
军事人员和雇员

第二部分　俄联邦国民近卫军

工程兵部队 　　　　　后勤保障部队 　　　　　训练单位

通信部队 　　　　　　医疗机构 　　　　　　　航空部队

海上部队 　　　　　　军乐队 　　　　　　　　审批许可工作局

独立第33作战旅　　第28特种部队任务支队　独立第406特种摩步团　独立第124内卫团
3526部队　　　　　6832部队　　　　　　　2659部队　　　　　　 3705部队

· 253 ·

俄联邦军事力量标识图鉴

第 2 海上支队	第 110 训练工兵团	第 2 特种摩步团	第 637 教导团
3798 部队	5134 部队	5402 部队	6716 部队

第 4 训练中心	独立第 285 内卫营	独立第 213 通信营
6821 部队	3644 部队	3727 部队

独立安全和支援营	第 58 内卫营	第 3 军事临床医院
6717 部队	6944 部队	5565 部队

第二部分　俄联邦国民近卫军

🞢 南部地区国民近卫军

南部地区
国民近卫军徽章

南部地区
国民近卫军臂章

内卫部队

作战部队

特殊任务部队

特种部队司令部

机动特种作战部队

特别快速反应部队

私人安保

炮兵部队

领土机构各部门
军事人员和雇员

· 255 ·

工程兵部队 　　　　　　后勤保障部队 　　　　　　训练单位

通信部队 　　　　　　　　医疗机构 　　　　　　　　航空部队

海上部队 　　　　　　　　军乐队 　　　　　　　　　审批许可工作局

第 30 教导旅　　　第 22 特种任务旅　　　独立第 50 作战旅　　　独立第 115 特种任务旅
3033 部队　　　　　3642 部队　　　　　　3660 部队　　　　　　6939 部队

第二部分　俄联邦国民近卫军

第 127 特种摩步团 3662 部队	独立第 685 混合特种航空兵团 3686 部队	第 1 训练中心 3701 部队	第 7 特种任务支队 3719 部队
第 15 特种任务支队 6761 部队	第 8 特种山地训练中心 6896 部队	第 143 作战团 6910 部队	第 144 特种摩步团 6915 部队
独立第 42 摩步团 6916 部队	某独立摩步团 6917 部队	第 35 特种任务支队 6922 部队	第 39 海军支队 6942 部队
某独立通信营 3034 部队	独立第 378 作战营 3219 部队	某独立内卫营 3433 部队	独立第 170 内卫营 3504 部队

独立维修和修复营
3658 部队

某独立管道营
3667 部队

独立第 6 航空中队
3692 部队

独立第 7 航空中队
3693 部队

独立第 4 炮兵营
5382 部队

独立第 375 作战营
6688 部队

独立第 380 物资支援营
6820 部队

独立第 750 特种摩步营
6918 部队

某特种摩步营
6919 部队

第 230 保护和支援营
7405 部队

第 2 军事临床医院
3057 部队

十一 院校及科研机构

彼尔姆军事学院

新西伯利亚军事学院

萨拉托夫红旗军事学院

圣彼得堡国民警卫队研究所

萨拉托夫国民警卫队研究所

莫斯科肖洛霍夫总统学员学校

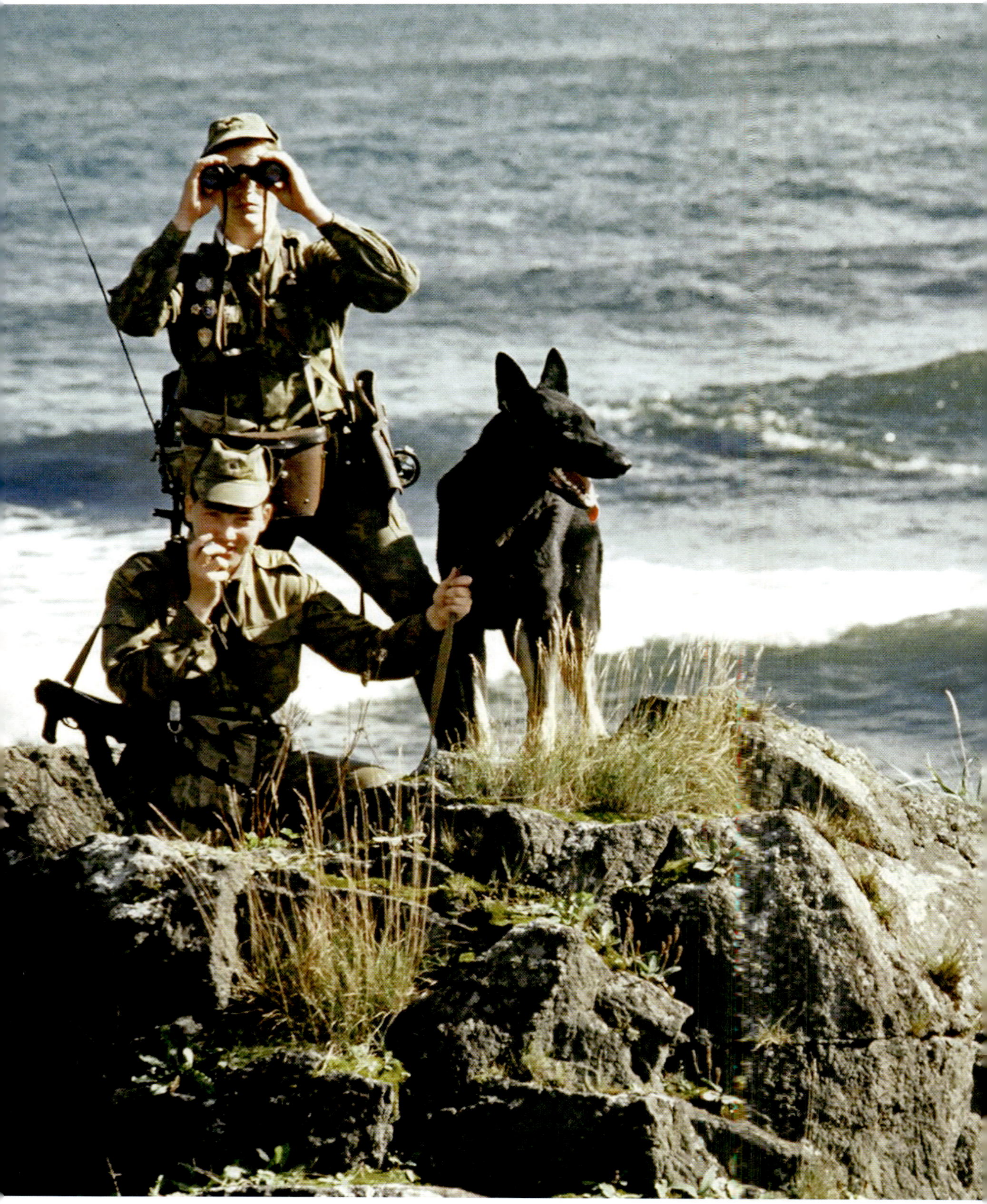

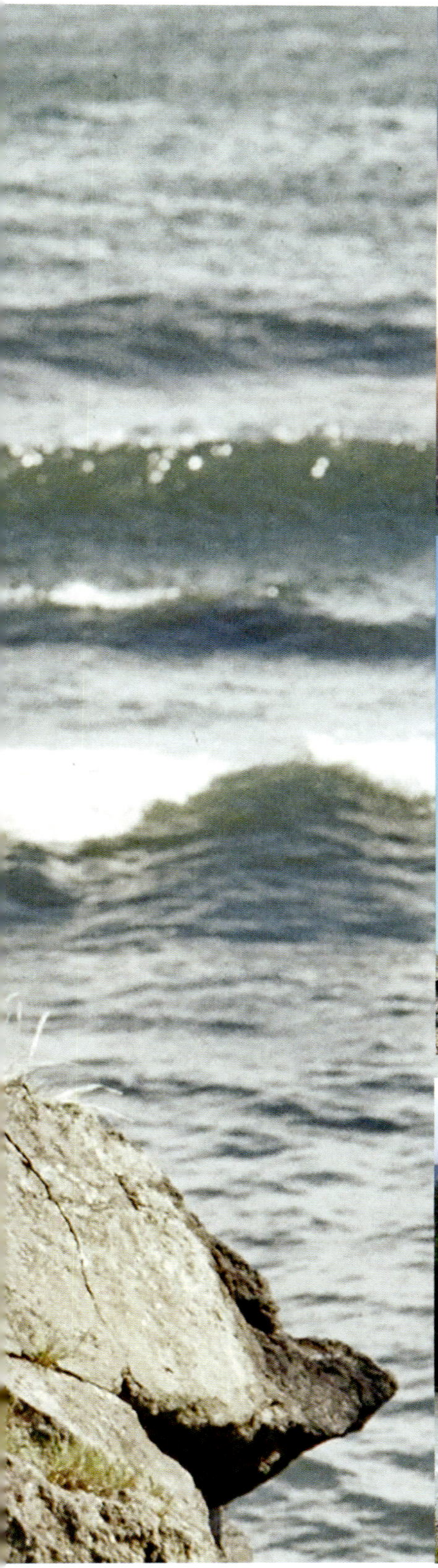
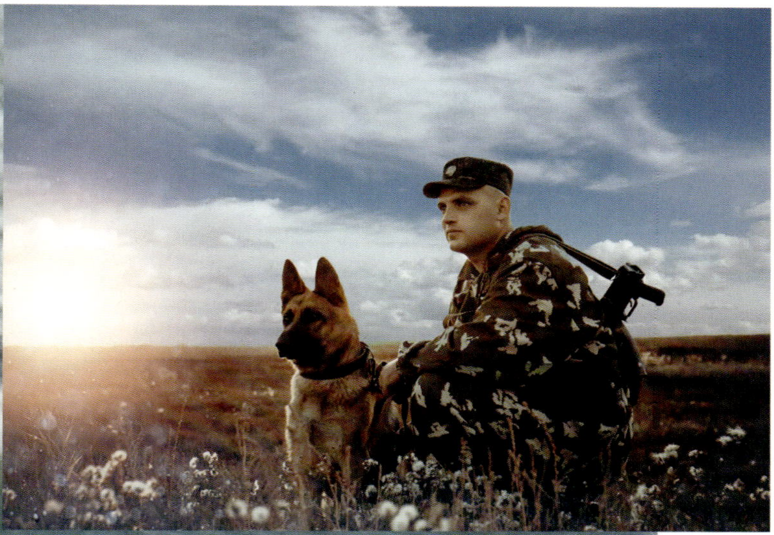
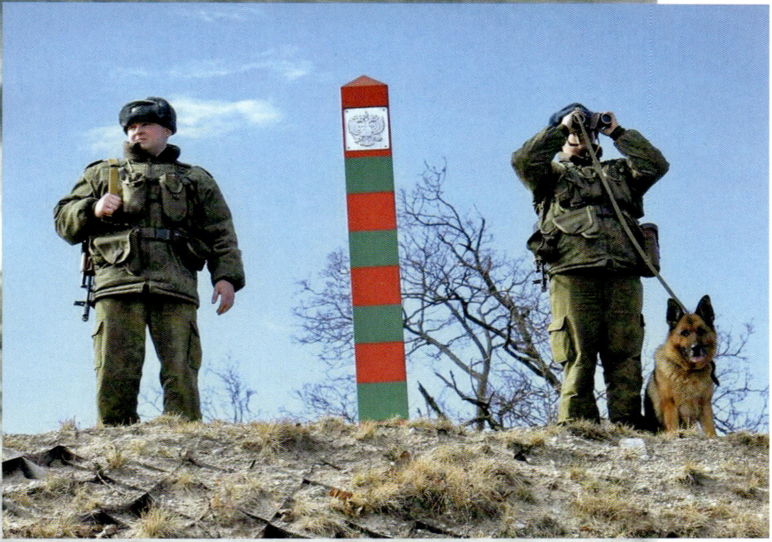
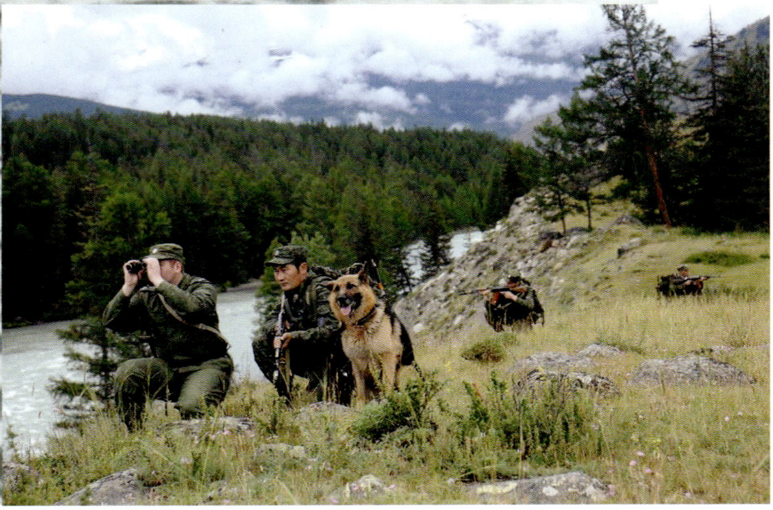

第三部分
俄联邦边防部队

俄联邦边防部队曾经是一支独立存在的军事力量，苏联时期参加过阿富汗战争。苏联解体后，俄联邦总统于1991年颁布第620号令，在苏联国界警卫委员会的基础上组建俄联邦边防军，并被纳入俄联邦安全部，由安全部副部长兼任边防军司令。1993年4月1日，俄联邦通过了《俄罗斯联邦国界法》，规定由安全部负责指挥边防军。1993年12月30日，俄联邦安全部被撤销，根据第2318号总统令，组建了联邦边防局-联邦边防军总司令部作为边防军的领导机关，直接隶属于俄联邦总统。1994年12月30日，联邦边防局-联邦边防军总司令部改组为联邦边防总局。1997年7月19日，俄联邦总统颁布第732号令，调整了联邦边防总局的结构和机关的编成。随后，在1997年8月29日、1997年12月9日、1998年1月，边防军进行了多次编制调整。2003年3月11日，根据第308号总统令，联邦边防总局并入联邦安全总局，并撤销了边防军总司令部，边防军改由安全总局边防局直接领导。2009—2010年，边防部队指挥体制再次进行调整，目前由地区边防局、联邦主体边防局和基层边防单位组成。

第三部分　俄联邦边防部队

俄联邦边防局旗帜

俄联邦边防局徽章

俄联邦边防部队旗帜

俄联邦边防部队徽章

俄联邦边防部队航空部队旗帜

俄联邦边防部队海上部队旗帜

俄联邦边防部队舰艇旗帜

俄联邦边防海防部队司令旗帜

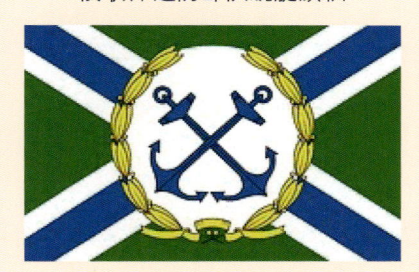

俄联邦边防海防部队参谋长旗帜

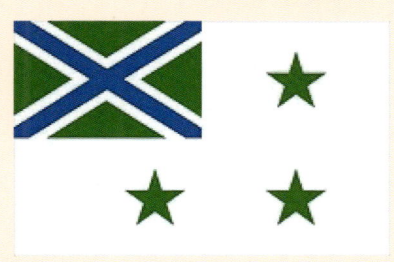

俄联邦边防海防部队舰队司令旗帜

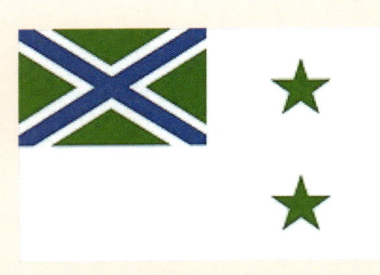

俄联邦边防分舰队司令旗帜 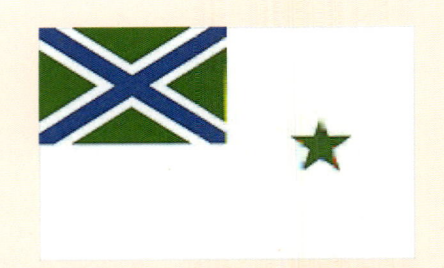　　　　　　　　俄联邦边防任务编队司令旗帜

　　以下是2010年调整改革后的部分地区边防局徽章。这些徽章设计得华贵大气，每个徽章都体现了展翅的双头鹰这一核心元素，并在中间放置了代表地区的标识元素，以显示对应边防局的地区属性。可以参照附录中的地区纹章进行比对辨认。

阿尔泰边疆区边防局 　　　　　　　　车臣共和国边防局

卡拉恰伊-切尔克斯共和国边防局　　　　　　　　滨海边疆区边防局

别尔哥罗德州和沃罗涅日州边防局　　　　达吉斯坦共和国边防局　　　　加里宁格勒边防局

· 264 ·

第三部分　俄联邦边防部队

奥伦堡州边防局　　　　库尔斯克州边防局　　　　达吉斯坦边防局

南奥塞梯边防局　　　　萨拉托夫州和萨马拉州　　　新西伯利亚州边防局
　　　　　　　　　　　　　边防局

　　本部分内容是本书收集的 1997—1999 年俄联邦边防军机构和部队的主要标识。此时期的俄联邦边防部队标识基本形成了一套完备的体系，能够反映出边防军在特定历史时期的规模和分布情况，特点较为突出，在此分类向读者呈现。

　　俄联邦边防部队领导机构人员的标识与武装力量人员标识的传统类似，主要是在盾牌的彩色条纹背景上叠加不同的徽章和纹饰，以区分不同职别的人员。区分地区机构和部队标识主要根据标识中间的元素，如驻外代表机构的标识是带四角箭头的方框，方框内部是对应国家的标识纹章。地区边防指挥机构标识中间的元素同样是所处地区的标识纹章，不同之处是有两个交叉的权杖，代表指挥权力。基层边防部队主要为支队，边防部队的标识盾牌与武装力量和国民近卫军不同，不能区分不出部队编制级别，只能笼统地代表相应的单位。边防部队的标识盾牌分上下两部分，上半部分为边防部队的背剑双头鹰徽章图案，下半部分主要为区分边防部队陆上、海上、航空属性的双色背景，背景上叠加不同元素以代表不同的部队。边防部队陆上部队中间有交叉的剑、矛、刀等兵器，边防部队海上部队是船锚，边防部队航空部队是展开的翅膀，边防站则是城堡关卡图案，通信部队是四散的闪电，工程部队是交叉的斧头等。每个标识盾牌的中心还有一个小盾牌，上面的图案是该部队驻防所在地的标识纹章，这些部队有时也用驻地的名称命名。

· 265 ·

一　边防部队领导与指挥机构

| 中央司令部人员 |  参谋部人员 |  海上部队人员 |  航空部队人员 |

| 边防部队总司令 |  边防部队副总司令 |  边防部队总参谋长 |  海上部队司令 |

| 航空部队司令 |  中央作战指挥中心 |  中央通信总中心 |  作战支援中心 |

| 驻白俄罗斯代表处 |  驻格鲁吉亚代表处 |  驻哈萨克斯坦代表处 |

第三部分　俄联邦边防部队

驻土库曼斯坦代表处

驻亚美尼亚代表处

驻塔吉克斯坦共和国边防部队指挥机构

驻吉尔吉斯共和国边防部队指挥机构

北高加索地区安全局

后贝加尔边疆区安全局

加里宁格勒地区安全局

东北地区边防局

西北地区安全局

太平洋地区边防局

北极地区安全局

西部地区安全局

远东地区安全局

东南地区安全局

· 267 ·

二 边防部队陆上部队

第 1 边防支队
索塔瓦拉支队

第 3 边防支队
奥尔斯克比支队

第 4 边防支队
阿尔汉格尔斯克支队

第 5 边防支队
索诺沃沃斯基支队

第 6 边防支队
格丁尼亚支队

第 8 边防支队
皮塔洛夫斯基支队

第 10 边防支队
布良斯克支队

第 11 边防支队
金吉塞普支队

第 12 边防支队
阿斯特拉罕支队

第 14 边防支队
伊图姆-卡林斯基支队

第 22 边防支队
阿克申斯基支队

第 23 边防支队
切尔尼亚霍夫斯基支队

第 28 边防支队
阿克塔什支队

第 29 边防支队
克孜勒支队

第 32 边防支队
新罗西斯克支队

第三部分　俄联邦边防部队

第 33 边防支队
索契边防支队

第 35 边防支队
穆尔加布

第 36 边防支队
苏呼米边防支队

第 37 边防支队
库尔干支队

第 38 边防支队
阿哈尔齐赫支队

第 41 边防支队
纳希切万支队

第 42 边防支队
杰尔宾特支队

第 43 边防支队
纳尔奇克支队

第 44 边防支队
弗拉季高加索支队

第 48 边防支队
昆扎克支队

第 48 边防支队
潘杰支队

第 51 边防支队
恰克图支队

第 53 边防支队
达乌尔支队

第 54 边防支队
普里亚尔贡斯基支队

第 55 边防支队
科沃罗迪纳支队

第 56 边防支队
布拉戈维申斯克支队

· 269 ·

第 57 边防支队
达利涅列琴斯克支队

第 58 边防支队
格罗杰科夫斯基支队

第 59 边防支队
哈桑斯基支队

第 60 边防支队堪察加
彼得罗巴甫洛夫斯克支队

第 61 边防支队
马加丹支队

第 62 边防支队
纳霍德卡支队

第 63 边防支队
比罗比詹支队

第 66 边防支队
霍罗格支队

第 70 边防支队
巴统支队

第 72 边防支队
卡勒瓦拉支队

第 73 边防支队
雷博尔斯基支队

第 74 边防支队
科库伊支队

第 75 边防支队
雷奇欣斯基支队

第 77 边防支队
拜马克支队

第 78 边防支队
希马诺夫斯克支队

第 80 边防支队
索亚尔瓦红旗支队

· 270 ·

第三部分　俄联邦边防部队

第 82 边防支队
红旗摩尔曼斯克支队

第 95 边防支队
柯尼斯堡支队

第 96 边防支队
纳伦波戈支队

第 100 边防支队
尼克斯基支队

第 101 边防支队
阿拉库特支队

第 102 边防支队
维堡支队

第 110 边防支队
楚科奇支队

第 114 边防支队
马洛库里尔支队

第 117 边防支队
莫斯科夫斯基支队

第 118 边防支队
伊什卡希姆支队

第 125 边防支队
阿尔塔沙特支队

第 129 边防支队
普热瓦尔斯克支队

第 131 边防支队
奥什波戈支队

第 136 边防支队
卡莱-胡姆布支队

第 137 边防支队
纳兹兰支队

第 138 边防支队
洪扎克支队

· 271 ·

俄联邦军事力量标识图鉴

第 140 边防支队
阿赫廷支队

第 487 特种任务支队

第 497 特种任务支队

第 517 特种任务支队

拉奇欣斯克边防支队

普罗韦德尼亚湾边防支队

科米共和国边防支队

第 5 边境地区指挥部
纳尔奇克

第 7 边境地区指挥部
季马舍夫斯克

弗拉季高加索边防支队

第三部分 俄联邦边防部队

三 边防部队海上部队

第 1 巡逻舰总队
彼得罗巴甫洛夫斯克

独立第 3 巡逻舰总队
波罗的斯克

第 5 巡逻舰总队
卡斯皮斯克

第 6 巡逻舰总队
新罗西斯克

某巡逻舰总队
琅施塔得

第 1 巡逻舰支队
彼得罗巴甫洛夫斯克

第 2 巡逻舰支队
彼得罗巴甫洛夫斯克

独立第 4 巡逻舰支队
普斯科夫

独立第 5 巡逻舰支队
马加丹

独立第 6 巡逻舰支队
卡斯皮斯克

独立第 12 巡逻舰支队
布拉戈维申斯克

独立第 13 巡逻舰支队
列宁斯科

独立第 14 巡逻舰支队
卡扎凯维奇沃

· 273 ·

俄联邦军事力量标识图鉴

第16巡逻舰支队 纳霍德卡	第17巡逻舰支队 阿斯特拉罕	独立第21巡逻舰支队 新罗西斯克	独立第25巡逻舰支队 捷姆留克
独立第47巡逻舰支队 斯雷滕斯克	独立第49巡逻舰支队 波莱斯克	独立第54巡逻舰支队 马加丹	独立第64巡逻舰支队 老甘罗格
某巡逻舰支队 琅施塔得	某巡逻舰支队 波罗的斯克		某巡逻舰支队 伊万哥罗德
某巡逻舰支队 圣彼得堡		某巡逻舰支队 维索茨克	

四　边防部队航空部队

第 7 航空中队
普罗维登斯湾

第 9 航空兵团
纳霍德卡

第 12 航空兵团
斯塔夫罗波尔

第 14 航空兵团
彼得罗扎沃茨克

第 15 航空兵团
彼得罗巴甫洛夫斯克

第 16 航空中队
哈巴罗夫斯克

第 18 航空兵团
赤塔

第 19 航空中队
布拉戈维申斯克

第 20 航空中队
戈雷洛沃

第 21 航空中队
马加丹

第 23 航空兵团
杜尚别

第 25 航空中队
尼文斯科耶

· 275 ·

第 30 航空中队
格连吉克

第 31 航空中队
卡斯皮斯克

第 35 航空中队
车里雅宾斯克

圣彼得堡航空中队

普罗维登斯湾航空中队

马哈奇卡拉航空中队

巴格拉托夫斯克航空中队

五 边防站

弗拉季高加索边防站

后贝加尔斯克边防站

加里宁格勒边防站

杰尔宾特边防站

堪察加彼得罗巴甫洛夫斯克边防站

马加丹边防站

瑙什基边防站

佩乔拉边防站

皮塔洛沃边防站

斯塔夫罗波尔边防站

苏维埃斯克边防站

索契边防站

维堡边防站	新罗西斯克边防站	伊尔库茨克边防站
伊万哥罗德边防站	杜尚别边防站	圣彼得堡边防站
摩尔曼斯克边防站	莫斯科边防站	纳霍德卡边防站
乌苏里斯克边防站		贝什凯克边防站

第三部分　俄联邦边防部队

六　通信部队

独立通信中心
普斯科夫

独立通信团
塞尔多布尔

独立第 4 通信团
塞斯特罗列茨克

独立通信团
斯塔夫罗波尔

独立通信营
阿斯特拉罕

独立第 12 通信营
哈巴罗夫斯克

独立第 118 通信营
杜尚别

独立第 126 通信营
巴格拉季奥夫斯克

独立第 131 通信营
赤塔

独立第 140 通信营
堪察加彼得罗巴甫洛夫斯克

独立信号营
符拉迪沃斯托克

海空部队独立无线电团
皮奥涅斯克

海上部队无线电工程旅
卡斯皮斯克

海上部队无线电工程旅
新罗西斯克

· 279 ·

七 工程部队

独立第26工兵和建筑营
克鲁泡特金

第36工兵和建筑营
加里宁格勒

第39工兵和建筑营
侗乔拉

第40工兵和建筑营
皮塔洛沃

格连吉克
独立工兵和建筑营

卡斯皮斯克
独立工兵和建筑营

八 医疗保障单位

边防部队总临床医院

驻塔吉克斯坦共和国医院
杜尚别

西北地区医院
彼得罗扎沃茨克

西北地区医院
塞斯特罗列茨克

跨贝加尔湖地区医院
赤塔

远东地区医院
哈巴罗夫斯克

加里宁格勒地区医院
巴尔的斯克

东北地区医院
堪察加彼得罗巴甫洛夫斯克

西北地区医院
索斯诺维博尔

高加索地区医院
基斯洛沃茨克

· 281 ·

九　训练教育单位

奥泽尔斯克训练支队

第13训练支队
索斯诺维·博尔

第17训练支队
杜尚别

独立第1海事培训中心
阿纳帕

独立第2海事培训中心
纳霍德卡

第16边防训练中心
奥博连斯

第5边防训练中心

航空培训中心
科丘别夫斯科耶

边防军事学院

加里宁格勒军事学院

哈巴罗夫斯克边防学院

车尔干军事航空学院

第三部分　俄联邦边防部队

初级航空专家学校
恰什尼科沃

边防部队厨师学校

维亚济马犬类训练中心

边防历史研究中心

军事医学研究所
下诺夫哥罗德

研究和测试技术中心

中央档案馆

书籍杂志出版社

第一学员团

МИНИСТЕРСТВО ВНУТРЕННИХ ДЕЛ

ФЕДЕРАЛЬНАЯ
СЛУЖБА
БЕЗОПАСНОСТИ
МИНИСТЕРСТВО ВНУТРЕННИХ ДЕЛ
РОССИЙСКОЙ ФЕДЕРАЦИИ

第四部分
俄联邦其他军事力量

俄联邦其他军事力量主要包括联邦内务部、安全总局、紧急情况部、对外情报总局、联邦警卫总局等能够遂行军事和安全领域任务的执法部门。这些部门都设计有精美的标识纹章，本部分主要对这些纹章进行分类汇总，供读者鉴赏。

一 俄联邦内务部

俄联邦内务部由苏联内务部和俄罗斯苏维埃联邦社会主义共和国内务部演变而来。苏联解体后，俄联邦总统下令接管其领土上的所有苏联内务部机关、机构和团体，与俄罗斯苏维埃联邦社会主义共和国内务部整合，组建了新的内务部中央领导机关和内务部系统。2001年11月9日，俄联邦总统颁布第1309号令，从2002年1月起，内务部下属的国家消防勤务总局及联邦主体消防部门全部转为由民防事务、紧急情况和消除自然灾害后果部（紧急情况部）领导。2003年、2004年、2009年、2012年、2016年，内务部进行了多次职能调整，主要履行阻止犯罪和保障社会秩序的职能。目前，俄联邦内务部由中央机关和地区机关构成，地区机关主要包括联邦区内务总局、联邦区交通局、联邦区后勤局、联邦区主体内务部（总局、局）等。

俄联邦内务部标识纹章主要由三部分组成，第一部分是纹章盾牌，顶端有内务部的双头鹰徽章，双头鹰胸前竖立四把交叉的利剑，拱卫着前方圆环内的俄罗斯国旗和圣乔治形象；第二部分是核心盾牌，有多种不同的形制，其内主要设计有代表职能或者地区标识纹章的图案；第三部分是盾牌下方的口号飘带，上面的文字意思为"我们服务于俄罗斯，我们服务于法律"。

第四部分　俄联邦其他军事力量

俄联邦内务部旗帜 　　　俄联邦内务部徽章 　　　俄联邦内务部袖标

中央机关

内卫军总司令部 　　　交通安全保障总局 　　　刑侦总局 　　　反极端主义总局

内务部安全总局 　　　交通总局 　　　公共秩序安全保障及联邦主体执行权力机构协作总局　　　经济安全与反腐败总局

监督监察局 　　　国家勤务与干部司 　　　信息技术、通信和信息保护司　　　条约法律司

287

公文处理与民众和　　财经政策与社会保障司 　　组织分析司 　　物资技术与医疗保障司
组织信访工作司

组织编制局 　　行动局 　　特种任务和航空分队
　　　　　　　　　　　　　　活动保障局

特别技术措施局　　民众团体与大众媒体　　大型国际和群众性
（"K局"）　　协作局　　体育赛事安全保障局

国家要员安全保障局 　　国际刑警组织　　管理和审计司
　　　　　　　　　　国家中心局

第四部分　俄联邦其他军事力量

国家财产保护司

行动搜查局

犬类训练中心

行政、经济和运输支持中心

私人安全特殊任务中心

特种通信和设备管理机构

通信与数据保护中心

信息分析总中心

犯罪侦查鉴定中心

法医中心

医疗卫生中心

内务部联合编辑委员会

· 289 ·

俄联邦军事力量标识图鉴

> 地区机关

1. 联邦区内务总局

| 中央联邦区内务总局 | 西北联邦区内务总局 | 伏尔加联邦区内务总局 | 高加索联邦区内务总局 |

| 西伯利亚联邦区内务总局 | 南方联邦区内务总局 | 乌拉尔联邦区内务总局 | 远东联邦区内务总局 |

2. 联邦区交通局

| 中央联邦区交通局 | 西北联邦区交通局 | 伏尔加联邦区交通局 | 高加索联邦区交通局 |

· 290 ·

第四部分　俄联邦其他军事力量

西伯利亚联邦区交通局	南方联邦区交通局	乌拉尔联邦区交通局	远东联邦区交通局

东西伯利亚区交通局	后贝加尔边疆区交通局	莫斯科交通局

3. 联邦区后勤局

中央联邦区后勤局	伏尔加联邦区后勤局	高加索联邦区后勤局	西伯利亚联邦区后勤局

乌拉尔联邦区后勤局	远东联邦区后勤局	东西伯利亚区后勤局

· 291 ·

4. 联邦区主体内务部（总局、局）

阿迪格共和国内务部	阿尔汉格尔斯克州内务总局	阿尔泰边疆区内务总局	阿尔泰共和国内务部
阿穆尔州内务总局	阿斯特拉罕州内务总局	奥廖尔州内务总局	奥伦堡州内务总局
巴什科尔托斯坦共和国内务部	北奥塞梯-阿兰共和国内务部	奔萨州内务总局	彼尔姆边疆区内务总局
别尔哥罗德州内务总局	滨海边疆区内务总局	布里亚特共和国内务部	布良斯克州内务总局

第四部分 俄联邦其他军事力量

车臣共和国内务部 　车里雅宾斯克州内务总局 　楚科奇自治区内务总局 　楚瓦什共和国内务部

达吉斯坦共和国内务部 　鞑靼斯坦共和国内务部 　鄂木斯克州内务总局 　弗拉基米尔州内务总局

伏尔加格勒州内务总局 　哈巴罗夫斯克边疆区内务总局　哈卡斯共和国内务部 　汉特-曼西斯克自治区内务总局

外贝加尔边疆区内务总局　基洛夫州内务总局　加里宁格勒州内务总局　卡巴尔达-巴尔卡尔共和国内务部

· 293 ·

卡尔梅克共和国内务部	卡拉恰伊-切尔克斯共和国内务部	卡累利阿共和国内务部	卡卢加州内务总局
堪察加边疆区内务部	科米共和国内务部	科斯特罗马州内务总局	克拉斯诺达尔边疆区内务总局
克拉斯诺亚尔斯克边疆区内务总局	克里米亚共和国内务部	克麦罗沃州内务总局	库尔干州内务总局
库尔斯克州内务总局	利佩茨克州内务总局	梁赞州内务总局	罗斯托夫州内务总局

第四部分　俄联邦其他军事力量

马加丹州 内务总局	马里埃尔共和国 内务部	摩尔曼斯克州 内务总局	摩尔多瓦共和国 内务部
莫斯科市 内务局	莫斯科州 内务总局	涅涅茨自治区 内务总局	诺夫哥罗德州 内务总局
普斯科夫州 内务总局	秋明州 内务总局	萨哈（雅库特）共和国 内务部	萨哈林州 内务总局
萨拉托夫州 内务总局	萨马拉州 内务总局	塞瓦斯托波尔市 内务局	

· 295 ·

俄联邦军事力量标识图鉴

圣彼得堡和列宁格勒州 内务总局	斯摩棱斯克州 内务总局	斯塔夫罗波尔边疆区 内务总局

斯维尔德洛夫斯克州 内务总局	坦波夫州 内务总局	特维尔州 内务总局

图拉州 内务总局	图瓦共和国 内务部	托木斯克州 内务总局

沃罗涅日州 内务总局	沃洛格达州 内务总局	乌德穆尔特共和国 内务部

· 296 ·

第四部分　俄联邦其他军事力量

乌里扬诺夫斯克州
内务总局

下诺夫哥罗德州
内务总局

新西伯利亚州
内务总局

雅罗斯拉夫尔州
内务总局

亚马尔·涅内西亚地区
内务总局

伊尔库茨克州
内务总局

伊万诺沃州
内务总局

印古什共和国
内务部

犹太自治区
内务总局

俄联邦内务部在边疆区、州、自治区以下的市设有内务局，这些内务局隶属于上级内务总局，以下是几个内务局的标识例子。

车里雅宾斯克州奥焦尔斯克市
内务局

车里雅宾斯克州斯涅任斯克市
内务局

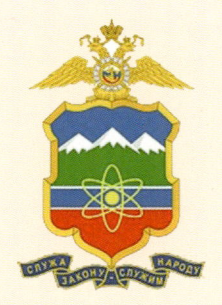

车里雅宾斯克州特里克戈尔尼市
内务局

· 297 ·

俄联邦军事力量标识图鉴

下诺夫哥罗德州萨罗夫市
内务局

奔萨州扎雷奇尼市
内务局

俄联邦自治共和国内务部下设司、局、中心等下属机构，本书收集了科米共和国内务部部分下属机构的标识。

科米共和国内务部 　　调查局 　　人事工作司 　　公共秩序保护司

经济安全和反腐败司 　　信息和公共关系司 　　经济和服务支持中心

第四部分　俄联邦其他军事力量

内务部部队

2016年4月5日，俄联邦总统对内务部进行重组，将所属内卫部队分离出去，另行组建国民近卫军总局。以下为2016年之前，俄联邦内务部内卫部队的标识。

1. 驻各地区机动特殊用途部队

阿迪格共和国
机动特殊用途部队
驻迈科普

阿尔汉格尔斯克州
"蝎子"机动特殊用途部队
驻阿尔汉格尔斯克

阿尔泰边疆区
机动特殊用途部队
驻巴尔瑙尔

阿尔泰共和国
机动特殊用途部队
驻戈尔诺-阿尔泰斯克

阿尔泰边疆区
机动特殊用途部队
驻比斯克

阿斯特拉罕州
机动特殊用途部队

奥廖尔州
机动特殊用途部队

奥伦堡州
机动特殊用途部队

巴什科尔托斯坦共和国
机动特殊用途部队
驻乌法

北奥塞梯-阿兰共和国
机动特殊用途部队
驻弗拉季高加索

奔萨州
"哨兵"机动特殊用途部队

彼尔姆边疆区
"彼尔姆"机动特殊用途部队

· 299 ·

彼尔姆边疆区机动特殊用途部队驻别列兹尼基	别尔哥罗德州机动特殊用途部队驻别尔哥罗德	滨海边疆区"台风"机动特殊用途部队驻符拉迪沃斯托克	布里亚特共和国机动特殊用途部队驻乌兰乌德
车里雅宾斯克州机动特殊用途部队驻车里雅宾斯克	车里雅宾斯克州机动特殊用途部队	车里雅宾斯克州机动特殊用途部队驻兹拉脱乌斯特	鞑靼斯坦共和国机动特殊用途部队驻喀山
鞑靼斯坦共和国机动特殊用途部队驻卡马河畔切尔尼	鄂木斯克州机动特殊用途部队驻鄂木斯克	弗拉基米尔地区机动特殊用途部队驻弗拉基米尔	"斯大林格勒"机动特殊用途部队驻伏尔加格勒

第四部分　俄联邦其他军事力量

哈巴罗夫斯克边疆区 机动特殊用途部队	哈卡斯共和国 机动特殊用途部队 驻巴坎	汉特曼西斯克自治区 机动特殊用途部队 驻下瓦尔托夫斯克	基洛夫州 机动特殊用途部队
"冰雹"机动特殊用途部队 驻加里宁格勒	卡巴尔达–巴尔卡尔共和国 机动特殊用途部队 驻纳尔奇克	卡尔梅克共和国 "巴特"机动特殊用途部队 驻埃利斯塔	卡拉恰伊–切尔克斯共和国 机动特殊用途部队 驻切尔克斯克
卡累利阿共和国 机动特殊用途部队 驻彼得罗扎沃茨克	卡卢加州 机动特殊用途部队	堪察加边疆区 机动特殊用途部队 驻堪察加 彼得罗巴甫洛夫斯克	科米共和国 机动特殊用途部队 驻沃尔库塔

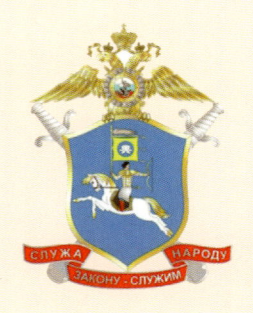

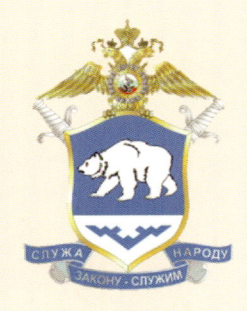

· 301 ·

俄联邦军事力量标识图鉴

科米共和国 机动特殊用途部队 驻瑟克特夫卡尔	科斯特罗马州 机动特殊用途部队	克拉斯诺达尔边疆区 "圣约翰草" 机动特殊用途部队 驻索契	克拉斯诺达尔边疆区 "克拉斯诺达尔" 机动特殊用途部队
克麦罗沃州 机动特殊用途部队 驻普罗科皮耶夫斯克	库尔干州 机动特殊用途部队	库页岛地区 机动特殊用途部队	跨贝加尔湖边疆区 "风筝"机动特殊用途部队
克拉斯诺亚尔斯克边疆区 机动特殊用途部队 驻克拉斯诺亚尔斯克	利佩茨克州 机动特殊用途部队	梁赞州 机动特殊用途部队	罗斯托夫州 机动特殊用途部队 驻塔甘罗格

第四部分　俄联邦其他军事力量

罗斯托夫州
"叶尔马克"
机动特殊用途部队
驻新切尔卡斯克

罗斯托夫州
"萨尔马特"
机动特殊用途部队

马加丹州
机动特殊用途部队

马里埃尔共和国
机动特殊用途部队
驻约什卡尔奥拉

摩尔曼斯克州
机动特殊用途部队
驻摩尔曼斯克

摩尔多瓦共和国
"明星"
机动特殊用途部队
驻鲁扎耶夫卡市

莫斯科州
"鲁西奇"
机动特殊用途部队
驻波多利斯克

莫斯科州
"先锋"
机动特殊用途部队
驻多尔戈普鲁德尼

莫斯科州
"佩列斯韦特"
机动特殊用途部队
驻射尔吉耶夫

莫斯科州
"野牛"
机动特殊用途部队
驻什切尔科沃

莫斯科市
机动特殊用途部队

诺夫哥罗德州
"瓦良格"
机动特殊用途部队

· 303 ·

普斯科夫州 机动特殊用途部队	萨拉托夫州 机动特殊用途部队	圣彼得堡和列宁格勒地区 "堡垒" 机动特殊用途部队	斯摩棱斯克州 机动特殊用途部队 驻斯摩棱斯克
斯塔夫罗波尔边疆区 机动特殊用途部队 驻皮亚季戈尔斯克	斯塔夫罗波尔边疆区 机动特殊用途部队 驻斯塔夫罗波尔	斯维尔德洛夫斯克州 "孔雀石" 机动特殊用途部队 驻叶卡捷琳堡	坦波夫州 机动特殊用途部队
特维尔州 机动特殊用途部队	托木斯克州 机动特殊用途部队	沃罗涅日州 机动特殊用途部队	沃洛格达州 机动特殊用途部队

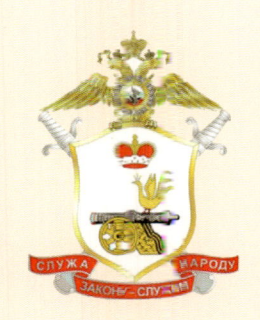

第四部分　俄联邦其他军事力量

乌德穆尔特共和国"山猫"机动特殊用途部队驻伊热夫斯克	乌里扬诺夫斯克州机动特殊用途部队	下诺夫哥罗德州机动特殊用途部队驻捷尔任斯克
下诺夫哥罗德州"下诺夫哥罗德卫士"机动特殊用途部队驻下诺夫哥罗德	雅罗斯拉夫尔州机动特殊用途部队驻雷宾斯克	雅罗斯拉夫尔州机动特殊用途部队驻雅罗斯拉夫尔
伊万诺沃州机动特殊用途部队	犹太自治区机动特殊用途部队驻比罗比詹	图拉州机动特殊用途部队

· 305 ·

2. 运输部门所属机动特殊用途支队

北高加索地区交通局机动特殊用途支队

东南地区交通局机动特殊用途支队

东西伯利亚交通局机动特殊用途支队

伏尔加河地区交通局机动特殊用途支队

伏尔加河中部地区交通局机动特殊用途支队

伏尔加-维亚特卡交通局机动特殊用途支队

莫斯科铁路交通局机动特殊用途支队

莫斯科水运和空运交通局机动特殊用途支队

南乌拉尔地区交通局机动特殊用途支队

后贝加尔湖地区交通局机动特殊用途支队

西北地区交通局机动特殊用途支队

西伯利亚地区交通局机动特殊用途支队

西西伯利亚交通局机动特殊用途支队　亚速-黑海地区交通局机动特殊用途支队　远东地区交通局机动特殊用途支队　中乌拉尔地区交通局机动特殊用途支队

3. 驻各地区特种快速反应部队

中央联邦地区内务总局特种快速反应部队　西伯利亚联邦区内务部总局特种快速反应部队　西北联邦区内务总局特种快速反应部队驻圣彼得堡　北高加索联邦区内务总局第2特种快速反应支队

北高加索联邦区内务总局"捷列"第3特种快速反应部队驻格罗兹尼　北高加索联邦区内务总局"南方"特种快速反应支队驻纳尔奇克　伏尔加联邦区内务总局特种快速反应部队驻下诺夫哥罗德　莫斯科市"山猫"特种快速反应部队

俄联邦军事力量标识图鉴

阿迪格共和国 特种快速反应部队	阿尔汉格尔斯克州 特种快速反应部队	阿尔泰边疆区 特种快速反应部队 驻巴尔瑙尔	阿尔泰共和国 特种快速反应部队
阿穆尔州 特种快速反应部队 驻布戈维申斯克	巴什科尔托斯坦共和国 特种快速反应部队 驻乌法	彼尔姆边疆区 "射手座" 特种快速反应部队	别尔哥罗德州 特种快速反应部队
滨海边疆区 特种快速反应部队	布里亚特共和国 "豹"特种快速反应部队 驻乌兰乌德	车里雅宾斯克州 特种快速反应部队	阿斯特拉罕州 "里海"特种快速反应部队
奥廖尔州 "老鹰"特种快速反应部队	奥伦堡州 "酒吧"特种快速反应部队 驻奥尔斯克	达吉斯坦共和国 "鹰"特种快速反应部队 驻马哈奇卡拉	鞑靼斯坦共和国 特种快速反应部队 驻喀山

· 308 ·

第四部分　俄联邦其他军事力量

鄂木斯克州 特种快速反应部队	弗拉基米尔州 特种快速反应部队	哈巴罗夫斯克边疆区 特种快速反应部队	哈卡斯共和国 特种快速反应部队
汉特–曼西斯克自治区 特种快速反应部队	基洛夫州 特种快速反应部队	加里宁格勒州 "海盗"特种快速反应部队	下诺夫哥罗德州 特种快速反应部队 驻捷尔任斯克
卡巴尔达–巴尔卡尔共和国 "厄尔布鲁士" 特种快速反应部队	卡拉恰伊–切尔克斯克 特种快速反应部队 驻切尔克斯克	卡尔梅克共和国 "矛隼"特种快速反应部队 驻埃利斯塔	卡累利阿共和国 特种快速反应部队 驻彼得罗扎沃茨克
卡卢加州 特种快速反应部队	堪察加边疆区 特种快速反应部队	科米共和国 特种快速反应部队	科斯特罗马州 特种快速反应部队

· 309 ·

克拉斯诺亚尔斯克边疆区
"天顶"特种快速反应部队
驻克拉斯诺亚尔斯克和诺里尔斯克

克里米亚共和国
特种快速反应部队

克麦罗沃州
"符号"特种快速反应部队

库尔干州
特种快速反应部队

库页岛地区
特种快速反应部队

利佩茨克州
"凤凰"特种快速反应部队

梁赞州
特种快速反应部队

罗斯托夫州
"狟狼犬"特种快速反应部队

马加丹州
特种快速反应部队

马里埃尔共和国
特种快速反应部队
驻约什卡尔奥拉

摩尔曼斯克州
特种快速反应部队

莫斯科市
特种快速反应部队

诺夫哥罗德州
"红宝石"特种快速反应部队

普斯科夫州
特种快速反应部队

秋明州
特种快速反应部队

萨马拉州
"欧米茄"特种快速反应部队

第四部分　俄联邦其他军事力量

圣彼得堡市
"花岗岩"
特种快速反应部队

斯摩棱斯克州
特种快速反应部队
驻斯摩棱斯克

斯维尔德洛夫斯克州
特种快速反应部队
驻叶卡捷林堡

特维尔州
"白狼"特种快速反应部队

图拉州
特种快速反应部队

托木斯克州
特种快速反应部队

沃罗涅日州
特种快速反应部队

沃洛格达州
特种快速反应部队

乌德穆尔特共和国
特种快速反应部队

乌里扬诺夫斯克州
特种快速反应部队

雅罗斯拉夫尔州
"猎鹰"特种快速反应部队

伊万诺沃州
特种快速反应部队

犹太自治州
特种快速反应部队

莫斯科州
"布拉特"特种快速反应部队

后贝加尔湖边疆区
"达乌尔"特种快速反应部队

院校和研究机构

内务部管理学院	内务部全俄雇员高级培训学院	内务部鄂木斯克学院	内务部克拉斯诺达尔大学
内务部克拉斯诺达尔大学克里米亚分校	内务部克拉斯诺达尔大学斯塔夫罗波尔分校	 内务部圣彼得堡大学	内务部秋明高级培训学院
内务部下诺夫哥罗德学院	 内务部伏尔加格勒学院	内务部乌法训犬员培训学校	内务部罗斯托夫育犬学校
 内务部阿斯特拉罕苏沃洛夫军事学校	内务部埃拉布加苏沃洛夫军事学校	内务部赤塔苏沃洛夫军事学校	 内务部洛罗兹尼苏沃洛夫军事学校

第四部分　俄联邦其他军事力量

内务部圣彼得堡
苏沃洛夫军事学校

内务部新切尔卡斯克
苏沃洛夫军事学校

内务部萨马拉
学员军团

内务部远东法学院

内务部别尔哥罗德
司法研究所

内务部喀山
司法研究所

内务部乌法
司法研究所

内务部西伯利亚
司法研究所

内务部巴尔瑙尔
司法研究所

内务部沃罗涅日
司法研究所

内务部奥廖尔
司法研究所

内务部乌拉尔
司法研究所

内务部东西伯利亚
司法研究所

内务部全俄科学研究所

内务部部队中央博物馆

· 313 ·

二 俄联邦紧急情况部

俄联邦紧急情况部成立于1994年1月10日,全称为俄罗斯联邦民防、紧急情况和消除自然灾害后果部,简称"紧急情况部"。该部门设立有中央管理机关、区域紧急情况中心、地区紧急情况总局和地区消防培训中心等。俄联邦总统分别于2001年1月23日颁布第23号令,于2009年11月16日颁布第634号令,于2011年12月5日颁布第1628号令,于2012年8月3日颁布第475号令,逐步确立了紧急情况部的标识纹章。区域紧急情况中心、地区紧急情况总局和地区消防培训中心的纹章图案均是紧急情况部的双头鹰徽章,鹰爪紧抓胸前的盾牌,盾牌上有所在地区的标识纹章,看起来大致相同。但是,这些徽章之间存在细微差别,区域紧急情况中心徽章的双头鹰是金色的,盾牌是银边的,盾牌后是交叉的两根银色权杖,代表权力机关。地区紧急情况总局与之相仿,双头鹰是银色的,盾牌是金边的,权杖是金色的。地区消防培训中心的双头鹰是银色的,盾牌也是金边的,但盾牌上方多了一顶消防帽,代表消防职能,盾牌后是交叉的两支火炬。

俄联邦紧急情况部旗帜

俄联邦紧急情况部徽章

紧急情况部部长臂章

紧急情况部副部长臂章

紧急情况部总部人员臂章

第四部分　俄联邦其他军事力量

紧急情况部直属单位

紧急情况行动指挥总局

国家紧急情况危机管理中心

紧急情况部中央航空基地

紧急情况部小型船舶国家监察局

紧急情况部准军事地雷救援部队

紧急情况部第6732中央测量技术基地

紧急情况部第149通信中心

鲁扎民防支持指控中心

· 315 ·

茹科夫斯基航空紧急情况救援中心　　　　　　　紧急情况部民防学院

国家消防学院　　　　　　　　　　　　　　　伊万诺沃消防救援学院

西伯利亚消防救援学院　　　　　　　　　　　国家消防研究所

国家消防局乌拉尔消防研究所　　　　　　　　国家消防局沃罗涅日研究所

第四部分　俄联邦其他军事力量

民防和紧急情况研究所 　　　　　　　　　紧急情况部专家

紧急情况部特种消防部队 　紧急情况部消防督查 　紧急情况部消防局 　第92机动车辆检查中心

第328通信中心 　　　　　　　　　管弦乐队

北极综合体紧急情况中心 　心理救助中心 　科学技术中心 　领导人特殊风险
　　　　　　　　　　　　　　　　　　　　　　　　　　　救援行动中心

俄联邦军事力量标识图鉴

紧急情况部信息中心	紧急情况监测和预报中心	空中机动救援队	诺金斯克紧急情况救援中心
水下紧急救援特殊行动服务	莫斯科消防康复中心	第72中央综合医院	民防战略研究中心

区域紧急情况中心

北高加索地区紧急情况中心	伏尔加地区紧急情况中心	南部地区紧急情况中心	西北地区紧急情况中心
西伯利亚地区紧急情况中心	远东地区紧急情况中心	中央地区紧急情况中心	

第四部分　俄联邦其他军事力量

地区紧急情况总局

阿尔汉格尔斯克州
紧急情况总局

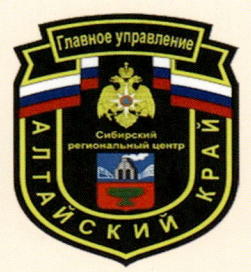

阿尔泰边疆地区
紧急情况总局

阿穆尔州
紧急情况总局

阿斯特拉罕州
紧急情况总局

巴什科尔托斯坦共和国
紧急情况总局

北奥塞梯－阿兰共和国
紧急情况总局

奔萨州
紧急情况总局

彼尔姆边疆区
紧急情况总局

· 319 ·

俄联邦军事力量标识图鉴

别尔哥罗德州
紧急情况总局

滨海边疆区
紧急情况总局

布良斯克州
紧急情况总局

车臣共和国
紧急情况总局

车里雅宾斯克州
紧急情况总局

楚科奇自治区
紧急情况总局

卡尔梅克共和国
紧急情况总局

鞑靼斯坦共和国
紧急情况总局

· 320 ·

第四部分 俄联邦其他军事力量

鄂木斯克州
紧急情况总局

弗拉基米尔州
紧急情况总局

哈巴罗夫斯克州
紧急情况总局

哈卡斯共和国
紧急情况总局

汉特-曼西斯克自治区
紧急情况总局

基洛夫地区
紧急情况总局

卡卢加州
紧急情况总局

科麦罗沃州
紧急情况总局

俄联邦军事力量标识图鉴

科斯特罗马州
紧急情况总局

克拉斯诺达尔边疆区
紧急情况总局

克拉斯诺亚尔斯克州
紧急情况总局

库尔干州
紧急情况总局

库尔斯克州
紧急情况总局

利佩茨克州
紧急情况总局

梁赞州
紧急情况总局

列宁格勒州
紧急情况总局

第四部分　俄联邦其他军事力量

马加丹州
紧急情况总局

莫斯科市
紧急情况总局

莫斯科州
紧急情况总局

摩尔多瓦共和国
紧急情况总局

普斯科夫地区
紧急情况总局

萨哈（雅库特）共和国
紧急情况总局

萨拉托夫州
紧急情况总局

萨马拉州
紧急情况总局

· 323 ·

俄联邦军事力量标识图鉴

塞瓦斯托波尔
紧急情况总局

圣彼得堡
紧急情况总局

斯摩棱斯克州
紧急情况总局

斯维尔德洛夫斯克州
紧急情况总局

坦波夫州
紧急情况总局

图拉州
紧急情况总局

托木斯克州
紧急情况总局

沃罗涅日州
紧急情况总局

第四部分　俄联邦其他军事力量

下诺夫哥罗德州
紧急情况总局

新戈尔地区
紧急情况总局

新西伯利亚州
紧急情况总局

伊尔库茨克州
紧急情况总局

伊万诺沃州
紧急情况总局

犹太自治州
紧急情况总局

克里米亚共和国
紧急情况总局

达吉斯坦共和国
紧急情况总局

涅涅茨自治区
紧急情况总局

俄联邦军事力量标识图鉴

| 马里埃尔共和国 紧急情况总局 | 奥伦堡州 紧急情况总局 | 布里亚特共和国 紧急情况总局 | 伏尔加格勒州 紧急情况总局 |

| 秋明州 紧急情况总局 | 特维尔州 紧急情况总局 | 图瓦共和国 紧急情况总局 | 乌德穆尔特共和国 紧急情况总局 |

| 乌里杨诺夫斯克 紧急情况总局 | 亚马尔-涅涅茨自治区 紧急情况总局 | 加里宁格勒州 紧急情况总局 | 后贝加尔边疆区 紧急情况总局 |

地区消防培训中心

| 阿斯特拉罕州 消防培训中心 | 巴尔瑙尔共和国 消防培训中心 | 彼尔姆边疆区 消防培训中心 | 波多利斯克 消防培训中心 |

第四部分　俄联邦其他军事力量

鞑靼斯坦共和国 消防培训中心	鄂木斯克州 消防培训中心	伏尔加顿斯克 消防培训中心	哈巴罗夫斯克边疆区 消防培训中心
圣彼得堡 消防培训中心	萨拉托夫州 消防培训中心	瑟克特夫卡尔 消防培训中心
新西伯利亚州 消防培训中心	秋明州 消防培训中心	莫斯科市 消防培训中心
克拉斯诺亚尔斯克 消防培训中心	克拉斯诺达尔 消防培训中心	科麦罗沃州 消防培训中心

三 俄联邦安全总局

　　1991年5月6日，俄罗斯苏维埃联邦社会主义共和国组建了俄联邦国家安全委员会，1991年11月26日，俄联邦总统签署命令，将俄联邦国家安全委员会改组为联邦安全总局。苏联解体后，俄联邦安全总局与苏联跨共和国安全总局合并，成立了俄联邦安全部。1993年12月21日，俄联邦安全部撤销，组建了联邦反间谍局。1995年4月3日，俄联邦总统将联邦反间谍局改为俄联邦安全总局。2003年3月11日，俄联邦总统签署第308号令，将俄联邦边防总局和政府通信与信息署的部分职能划归俄联邦安全总局。2004年俄联邦安全总局进行了重大改组，现主要由中央机关和地区机关构成。

　　俄联邦安全总局的徽章是一把利剑加一个盾牌，盾牌上带有俄罗斯的国徽。中央机关的徽章上体现了各种职能标识图案。地区安全机关的徽章上设计有所在地区的标识纹章图案，比较容易辨认。

俄联邦安全总局旗帜

俄联邦安全总局徽章

中央机关

反间谍局

保护宪法制度与反恐局

边防局

经济安全局

行动信息与国际联络局

行动保障局

组织干部局

密码与特种通信局

· 328 ·

第四部分　俄联邦其他军事力量

"阿尔法"局 　　　　　特战行动局 　　　　　"M"局

行动检查局 　　　　　反间谍行动司 　　　　安全局学院

安全局军医大学 　　　援助计划办公室 　　　兽医服务中心

地区安全机关

阿迪格共和国　　阿尔泰边疆区　　阿斯特拉罕州　　奥廖尔州安全局 　　奥伦堡州安全局
安全局　　　　　安全局　　　　　安全局

· 329 ·

俄联邦军事力量标识图鉴

彼尔姆边疆区安全局	别尔哥罗德州安全局	滨海边疆区安全局	布里亚特共和国安全局	鄂木斯克州安全局
伏尔加格勒州安全局	基洛夫州安全局	卡尔梅克共和国安全局	卡卢加州安全局	 科兴共和国安全局
库尔干州安全局	库尔斯克州安全局	利佩茨克州安全局	梁赞州安全局	罗斯托夫州安全局
马加丹州安全局	摩尔曼斯克州安全局	诺夫哥罗德州安全局	普斯科夫州安全局	斯塔夫罗波尔州安全局

· 330 ·

第四部分　俄联邦其他军事力量

坦波夫州安全局	沃洛格达州安全局	下诺夫哥罗德州安全局	新西伯利亚州安全局	雅库特共和国安全局
伊万诺沃州安全局	印古什共和国安全局	犹太自治州安全局	伊尔库茨克州安全局	克拉斯诺达尔边疆区安全局
北方舰队安全局	阿尔泰共和国安全局	巴什科尔托斯坦共和国安全局	布良斯克州安全局	达吉斯坦共和国安全局
鞑靼斯坦共和国安全局	弗拉基米尔州安全局	阿尔汉格尔斯克州安全局	北奥塞梯－阿兰共和国安全局	车臣共和国安全局

· 331 ·

俄联邦军事力量标识图鉴

哈卡斯共和国安全局 　　卡巴尔达-巴尔卡尔共和国安全局 　卡拉恰伊-切尔克斯共和国安全局

卡累利阿共和国安全局 　　罗斯托夫州安全局 　　马里埃尔共和国安全局

萨马拉州安全局 　　诺夫哥罗德州安全局 　　莫斯科州安全局 　　圣彼得堡和列宁格勒州安全局

托木斯克州安全局 　　沃罗涅日州安全局 　　秋明州安全局 　　克里米亚和塞瓦斯托波尔安全局

四 俄联邦警卫局

俄联邦警卫总局的前身是苏联国家安全委员会第 9 局,1991 年 8 月,第 9 局所辖政府部队和政府通信部队直接归苏联总统领导。1991 年 12 月,在苏联总统办公厅下设立警卫局。1994 年 1 月 10 日,警卫局正式成为国家权力机关之一。1996 年 6 月 19 日,警卫总局更名为俄联邦警卫局,由俄联邦警卫局机关,实现俄联邦警卫局部分职能的分队,直属教育、科研机构及其他相关单位组成。2003 年 3 月 11 日,俄联邦总统直属的政府通信与信息总署解散,部分职能并入俄联邦警卫局,与原总统通信局合并为特殊通信与信息局。特殊通信与信息局下辖俄联邦警卫局驻联邦区特种通信与信息局、俄联邦警卫局特种通信与信息中心,以及俄联邦警卫局特种通信分队。

俄联邦警卫局旗帜    俄联邦警卫局徽章

总统安全总局    克里姆林宫卫戍司令部    特殊通信与信息局    总统团

政府通信部队旗帜    政府通信部队徽章

五　俄联邦对外情报局

俄联邦对外情报局的前身是 1920 年成立的苏维埃社会主义共和国在内务人民委员部全俄肃反委员会内成立的外国处。此后，该处经历了多次更名和隶属关系调整。至 1954 年，对外情报工作受苏联部长会议下属的国家安全委员会第一总局领导。1991 年 12 月，苏联对外情报部门脱离国家安全委员会成为一个独立机构，更名为苏联中央情报局。1991 年 12 月 18 日，俄联邦接管苏联中央情报局，并将其改组为俄联邦对外情报局。

俄联邦对外情报局旗帜　　　　　　俄联邦对外情报局徽章

附录
俄联邦地方纹章

俄联邦行政区划比较复杂，俄联邦现由 85 个联邦主体组成，可分为 22 个自治共和国、9 个边疆区、46 个州、3 个联邦直辖市、1 个自治州、4 个民族自治区。每个联邦主体都有自己独特的代表性纹章。这些纹章中的元素有些融入到了俄联邦军事力量、国民近卫军、边防军及其他机构的标识中。为了使读者更好地了解俄联邦军事力量标识的元素构成，本书附录部分向读者展示这些联邦主体及主要城市的纹章标识，并对其中的部分标识含义进行了简要的解释说明。

联邦直辖市

莫斯科市标识的主色调为红色，上面的图案是屠龙勇士圣乔治。圣乔治是基督教历史上一位著名的圣人，象征着勇气和奉献精神。该图案代表了莫斯科市民面对困难时展现的勇敢和牺牲精神。

圣彼得堡市标识的主色调为红色，中间有左右交叉的海锚和竖立的权杖，这些元素象征该市作为重要海港和曾经首都的特殊地位。这一设计不仅展示了圣彼得堡的重要地位，也反映了这座城市丰富的文化传承和战略意义。

塞瓦斯托波尔市标识的主色调为蓝白色，蓝色背景上是一座沉船纪念碑，白色背景上是金星勋章图案。这些元素不仅体现了这座城市作为英雄城市和重要海港的历史文化，同时也象征着它在军事战略上的重要地位。

莫斯科市 　　　　　　　　圣彼得堡市 　　　　　　　塞瓦斯托波尔市

自治共和国

阿迪格共和国标识上的人物是骑在马上的英雄斯雷克奥，他手持燃烧的火把。象征着他为了百姓福祉从天神那里盗来的天火，火把照亮了苍穹，并化作12颗星星。

巴什科尔托斯坦共和国标识上的太阳象征着光明、希望和未来，马则象征着力量、自由和进步。这些元素表达了巴什科尔托斯坦人民对美好未来的追求和对自由的向往。

阿迪格共和国 　　　　　　巴什科尔托斯坦共和国

阿尔泰共和国标识的主要图案是拥有鸟头狮身的神兽，鸟头象征着自由和高远的理想，狮身则象征着力量和勇气。这些元素表达了阿尔泰人民对自由和力量的追求。

布里亚特共和国的标识是传统的索燕伯图案，包括太阳、月亮和火焰，象征着永恒的生命和自然的循环。

阿尔泰共和国 　　　　　　布里亚特共和国

附录　俄联邦地方纹章

印古什共和国的标识上矗立着一座军事瞭望塔和高加索山脉,其下是一只振翅的雄鹰,其上是高挂天顶、发出道道光芒的半个太阳,寓意着国家的坚固和不可动摇。

卡尔梅克共和国标识的中心是金黄色的圆圈,上面绘有流苏图案;圆圈外沿的蓝色边上装饰着"工"字形民族图案;底部是白色莲花,顶部四个交叠的圆环代表准噶尔四部落联盟。

印古什共和国 　　　　　卡尔梅克共和国

达吉斯坦共和国标识上的鹰象征着自由和力量,下方的山脉象征着自然的壮美和坚韧,上方的太阳象征着光明和希望。这些元素共同表达了达吉斯坦人民对自由、力量和美好未来的追求。

卡巴尔达-巴尔卡尔共和国的标识是一只展翅的鹰,象征着英勇和独立精神。鹰的中间绘有高耸的山峰,是位于该共和国境内的欧洲最高峰——厄尔布鲁士山。

达吉斯坦共和国 　　　　卡巴尔达-巴尔卡尔共和国

卡拉恰伊-切尔克斯共和国标识上的白色山峰是高加索山脉,象征着自然的壮丽和坚韧,顶部的太阳则象征着光明和希望。

科米共和国的标识看似是一只展翅的鹰,鹰的胸前有一张女子的脸和六只驼鹿头。鹰展开翅膀意味着欢迎与合作的态度,女子的脸象征着给予生命的阳光女神,驼鹿头象征着力量与高贵。鸟、人和驼鹿头的融合也象征着和谐共存的世界。

卡拉恰伊-切尔克斯共和国 　　科米共和国

· 337 ·

卡累利阿共和国标识上的主元素是一头黑熊，代表的是力量与勇气，以及坚韧不拔的民族精神。三色条纹中红色表示团结，蓝色表示湖泊，绿色表示森林。

马里埃尔共和国的标识上体现的是马里民族图案——古老的丰收标志，花环被天蓝色、白色和红色的三色绸带环绕，这些颜色是马里埃尔共和国国旗的颜色。

卡累利阿共和国 　　　　　　马里埃尔共和国

北奥塞梯-阿兰共和国标识上金色的土地象征着大地的富饶和国土的神圣；在国土上向前直行的雪豹象征着权力，雪豹身上带有黑色斑点，尾巴向上翘起，表示雪豹时刻保持警惕，随时准备捍卫国家领土；背景的七座雪山象征着高加索地区的雄伟山景。

克里米亚共和国标识的中央是一头银白色的神兽——狮鹫。狮鹫的右掌上持有一颗藏着一粒天蓝色珍珠的贝壳，象征着国家的力量和威严。在图案的上方，有一个升起的太阳图案，预示着克里米亚共和国的未来充满希望和活力。

北奥塞梯-阿兰共和国 　　　　克里米亚共和国

萨哈（雅库特）共和国标识的中央是雅库特马，这种马不仅在生物学上具有独特性，在当地的民族文化和历史中也占有重要地位。

鞑靼斯坦共和国标识的中央是一只白色的豹子，这只豹子是远古突厥保加尔人的象征，具有深厚的历史和文化背景。

附录　俄联邦地方纹章

萨哈（雅库特）共和国 　　　鞑靼斯坦共和国

图瓦共和国标识的中央是一名在阳光下策马飞奔的图瓦骑手，象征着图瓦人民勇往直前、追求自由的精神。

哈卡斯共和国标识的中央是一只雪豹，象征着勇敢、力量和智慧。图案两侧的白桦树枝边饰象征着生命力和希望。上部金色和白色相间的太阳形标记象征着光明、温暖和能量。

图瓦共和国 　　　哈卡斯共和国

乌德穆尔特共和国标识的中央是一只完全展开双翅的白天鹅，象征着重生和复兴的希望。天鹅胸前八个角的红色太阳形标记是乌德穆尔特人最普遍的装饰图案之一，被认为具有护身符的作用，能够使人远离苦难。

车臣共和国标识中央的红色图案是车臣民族纹，旁边是纳克塔和井架等历史元素，外围是金黄色的麦穗和星月图案，这些元素展示了车臣丰富的历史文化遗产，并强调了车臣人民对传统的尊重和传承。

楚瓦什共和国标识的中央是"生命之树"，象征着生生不息和繁荣昌盛。黄色和紫红色的搭配代表着楚瓦什人民对自由、纯洁，以及对土地和生命的热爱与追求。上方的三颗八角星是楚瓦什装饰中最常见的元素之一，表达了美丽和完美。

乌德穆尔特共和国 　　　车臣共和国 　　　楚瓦什共和国

· 339 ·

边疆区

阿尔泰边疆区的标识中有一座银白色山岩旁冒着浓烟的高炉，代表着该地区的冶金工业，特别是炼银业。这一设计展示了阿尔泰边疆区的自然美景和丰富资源，反映了其工业基础和历史背景。标识下面红色背景中的绿色花瓶（女王花瓶）象征着尊严、勇敢和勇气。这件实物收藏在俄罗斯国家冬宫博物馆。

克拉斯诺亚尔斯克边疆区的标识中镶有细金线的天蓝色柱子旁有一只金狮，代表着力量和威严。金狮的右前爪握着金锹，左前爪握着金镰刀，分别代表劳动和收获；金色橡树叶和雪松枝环绕着金狮图案，象征边疆区人民坚韧不拔的特点。

阿尔泰边疆区 　　　　克拉斯诺亚尔斯克边疆区

克拉斯诺达尔边疆区标识上矗立着一段金黄色带有雉堞的城墙，城墙上有两座圆塔，塔上面是两个金黄色的权杖，权杖之间耸立着一个金黄色的锤矛形权杖，权杖上方伏着一只胸前佩戴高加索十字架的黑鹰，象征着力量和威严。

滨海边疆区标识上是在圣安德鲁十字架背景下的一只乌苏里虎。十字架表明滨海边疆区是远东的海上前哨，蓝色是大海的颜色，绿色是针叶林的颜色，老虎则是该地区独特的象征。

克拉斯诺达尔边疆区 　　　　滨海边疆区

斯塔夫罗波尔边疆区标识的上半部分是一条通往堡垒道路和一座堡垒，下半部分是在蓝色背景上以金色描绘的斯塔夫罗波尔的地图轮廓，其上有一个白色十字架，向右绘制了一条北纬45°线。

附录　俄联邦地方纹章

堪察加边疆区的标识主要由火山、海洋和渔业等图案构成，这些元素体现了该地区的自然资源丰富、地理位置独特、历史文化背景深厚。

斯塔夫罗波尔边疆区 　　　　堪察加边疆区

哈巴罗夫斯克边疆区的标识是一只张开嘴吐着舌头的熊，熊手中抱着边疆区首府哈巴罗夫斯克市的盾徽。熊是强调权力的野兽，象征着俄罗斯远东边界不可侵犯。

彼尔姆边疆区的标识是一只驮着圣经和十字架的白熊，熊是俄罗斯的象征之一，代表着力量和勇气，圣经和十字架象征着该地区的宗教信仰和文化传统。

后贝加尔边疆区标识的上方是一只抓着弓箭的展翅雄鹰，下方是区首府赤塔市的盾徽。标识背景的黄色代表广袤的西伯利亚大草原，反映了该地区自然资源丰富、地理位置特点及当地人民勇敢和坚韧不拔的精神。

哈巴罗夫斯克边疆区 　　　彼尔姆边疆区 　　　后贝加尔边疆区

州和自治州

阿穆尔州标识的绿色背景代表生命、希望和健康，意味着森林覆盖率高和自然景观美；银色波纹带代表阿穆尔河；三颗金色星星代表阿穆尔州县的数量，体现了区域行政单位的象征性意义。

阿斯特拉罕州标识上的皇冠象征着该地区的权威及其在俄联邦中的重要地位，刀表明了阿斯特拉罕人民的勇敢和保护家园的决心。作为边疆地区，阿斯特拉罕在历史上多次成为防御外敌的前线，体现了其重要的军事战略地位。

阿穆尔州 　　　　　　　　　阿斯特拉罕州

阿尔汉格尔斯克州标识上的人物是身着天蓝色戎装、神圣的最高统帅米哈伊尔，他手持泛着红光的深红色利剑和装饰着金色十字的天蓝色盾牌，脚踩倒地的黑色魔鬼。

别尔哥罗德州标识的上方是一只伸展躯体的黑鹰，黑鹰代表的是胜利者——俄罗斯；下方的绿地上有一头卧狮，是被打败的瑞典人的化身，源自瑞典国王查理十二世旗帜上的图案。

阿尔汉格尔斯克州 　　　　　别尔哥罗德州

布良斯克州标识的蓝色背景代表斯拉夫民族的团结。标识下方由一点放射出三道金光，将标识分为三部分，每部分都象征着斯拉夫民族的团结。标识上方的金色云杉树代表着该地区丰富的森林资源，反映出布良斯克州在自然资源方面的重要地位。

弗拉基米尔州的标识上有一只立狮，这个标识从 12 世纪延续至今。在整个弗拉基米尔地区，无论是雕刻、石刻还是彩绘作品，基本都可以看到狮子的身影，狮子不仅出现在州徽上，还是弗拉基米尔公国的标志，象征力量、智慧和勇气。

布良斯克州 　　　　　　　　弗拉基米尔州

附录　俄联邦地方纹章

　　伏尔加格勒州标识上的持剑女神代表着力量与勇气，这与伏尔加格勒人民在斯大林格勒保卫战中展现出来的顽强精神相契合。女神持剑象征着保护和力量，这种设计旨在纪念那些在艰苦战斗中英勇牺牲和坚持下来的人们，以及表达人们对和平与自由的渴望。

　　沃洛格达州标识上的宝剑和皇冠是权力与统治的象征，代表着地方政府的权威和管理职责。宝剑象征防御和力量，意味着政府有保护公民和领土的责任和能力；皇冠则强调了权威的合法性，代表政府的权力是由上级法律和制度授予的。

伏尔加格勒州 　　　　　　沃洛格达州

　　沃罗涅日州标识的上半部分是在金色的大地上有一只双头鹰，这是俄罗斯的标志；下半部分有一个流着水的水罐，这只淌流着沃罗涅日河水的水罐不仅象征着这座城市的地理位置，还代表着俄罗斯海军的诞生地，俄罗斯海军正是从沃罗涅日河走向世界的。

　　伊尔库斯克州的标识是一只名为"巴布尔"的神秘野兽，它强大、威武，象征着本地区的独特性、实力与财富。选用这种图案是为了体现伊尔库斯克独特的文化及历史背景。

沃罗涅日州 　　　　　　伊尔库斯克州

　　伊万诺沃州的标识由红和蓝两种颜色组成，三条白色的波浪线代表伏尔加河，左侧红色背景上的梭子代表纺织品生产为该州历史上的主要经济支柱，右侧蓝色背景上的火炬象征着该州努力向前的精神。

　　加里宁格勒州标识上的城堡代表加里宁格勒州（历史上称为柯尼斯堡），其建城可以追溯到1255年，当时条顿骑士团在这片土地上兴建了第一座城堡，作为他们的居住地和防御要塞。

伊万诺沃州 　　　　　　　　加里宁格勒州

卡卢加州标识上的皇冠代表该州政治影响力或其对周边地区的重要性。卡卢加州地处奥卡河和日兹德拉河水域，波浪象征着该州丰富的水资源和水运历史。

基洛夫州（现称维亚特卡州）标识上的弓箭具有多重象征意义，弓箭作为该地区早期居民的重要工具，自然也被融入了标识的设计中，以展现其独特的地域文化。

卡卢加州 　　　　　　　　基洛夫州

克麦罗沃州标识上交叉放置的铁锤和洋镐表明工业在该州占主导地位；三条麦穗从盾牌的绿色部分伸出，穿过铁锤和洋镐，一直伸向石堆顶端，表明农业对于克麦罗沃州同样重要。

科斯特罗马州的标识是在天蓝色的背景上，一艘金色的船航行在波光粼粼的水面上。这艘船被描绘为瓦兰战船或类似的木制多桨战船，象征着科斯特罗马州的航海传统。

克麦罗沃州 　　　　　　　　科斯特罗马州

库尔干州标识上部的两座山丘是该州名称"库尔干"（意为"山丘"）的直接体现。在山丘下方，一排银白色的雉堞墙上有五个雉堞和四个墙洞，模仿了古老城池的防御工事；城下是一只奔跑的貂，貂是外乌拉尔地区古老城市的标志之一。

· 344 ·

附录　俄联邦地方纹章

　　列宁格勒州标识上的城墙元素象征着列宁格勒（圣彼得堡），其坚固的防御工事见证了无数的历史变迁；船锚象征着该地区的航海传统和港口地位；钥匙则象征着权力或城市门户的开启。

库尔干州 　　　　　　　　列宁格勒州

　　库尔斯克州的标识上有一条蓝色对角色带，色带上绘有三只飞翔的松鸡图案。松鸡是库尔斯克州的象征动物，其飞翔的姿态象征着自由、活力和繁荣。
　　利佩茨克州标识上的金黄色椴树是该州独特的文化符号和精神象征，代表着利佩茨克州的自然风貌、历史文化和人民性格特征。

库尔斯克州 　　　　　　　利佩茨克州

　　马加丹州经济基础是采矿业，其标识中包含代表采矿活动的设备或符号，马加丹州的主要电力来源是科雷马河上的水电站，海洋元素则强调了渔业和海产品加工的重要性。
　　摩尔曼斯克州位于北极圈内，北极光是该地区独特的自然现象，鱼和船锚的图案象征着该地区的渔业和航海传统。

马加丹州 　　　　　　　　摩尔曼斯克州

· 345 ·

莫斯科州标识的红色背景上是屠龙勇士圣乔治。圣乔治是基督教历史上一位著名的圣人，象征着勇气和奉献精神，这一形象代表着莫斯科州人民面对困难时的勇敢和牺牲精神。

下诺夫哥罗德州的标识是一只行走的红鹿。鹿常被视为高贵、纯洁、伟大、生命、智慧和正义的象征，这一元素反映了该地区与鹿的历史联系或文化寓意。

莫斯科州 　　　　　　　下诺夫哥罗德州

诺夫哥罗德州的标识是两只黑熊支撑着一把金色的扶手椅，椅子上有一个阶梯式的座椅和一个红色的垫子；两个十字架权杖交叉放在座椅上，象征着权力；座椅上方有一个金色的三烛台，蜡烛燃烧发出红色的火焰，象征光明；标识下方的蓝色区域象征河流，其中有四条鱼，象征着该州丰富的渔业资源。

鄂木斯克州标识上的蓝色波浪线代表连接北方和南方水道沿线的额尔齐斯河，河上是一座五边形堡垒，守护着其中的金色拱门；黄色的交叉线一方面象征着基督教信仰、正义、慈善的美德，另一方面代表鄂木斯克地区位于俄罗斯的地理中心；周边32座绿色的小金字塔对应鄂木斯克地区定居点的数量，也象征着植物、石油和天然气资源。

诺夫哥罗德州 　　　　　　鄂木斯克州

新西伯利亚州的标识是两只托着金色面包的黑貂。黑貂一直是西伯利亚的重要象征之一。根据古老的俄罗斯传统，由黑貂持着的金色面包意味着热情好客和睦邻友好。这个元素也可以被解释为丰富、财富和农业发展的象征。

奥伦堡州标识上方的蓝貂象征着奥伦堡州的动物资源和地域特色；下方的新月代表伊斯兰教或其他信仰，体现了该地区宗教的多样性和包容性；两面交叉印有双头鹰的旗帜，代表着俄罗斯的属地。

附录　俄联邦地方纹章

新西伯利亚州 　　　　　　　　奥伦堡州

奥廖尔州标识的上方是一座银色堡垒，堡垒由城墙连接起来的三座塔楼构成，塔楼的门是打开的，颜色与背景色相同；堡垒上方是金色的双头鹰，鹰头上戴着三顶俄罗斯王冠；堡垒下方是一本翻开的书，两边各有一束金色麦穗。

普斯科夫州标识上方是一只从云中伸出的代表祝福的右手，手指指向下方的豹子；豹子伸出的舌头和翘起的前爪强调了它对敌人的关注；祝福之手意味着天上力量的帮助，能增强豹子的防御能力。

奥廖尔州 　　　　　　　　普斯科夫州

奔萨州的标识是三捆用红带子捆扎的庄稼，分别代表小麦、大麦和稗，反映出该地区以农业经济为主。

罗斯托夫州标识被分为三部分，左右两边的蓝色部分交叉放置着权杖和兵刃，守护着中间白色部分的三座红色塔楼；塔楼下蓝白相间的波纹代表顿河，下方的麦穗代表该州谷物种植等丰富的农业资源。

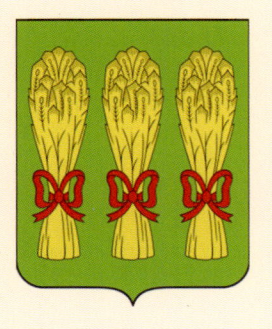

奔萨州 　　　　　　　　罗斯托夫州

· 347 ·

梁赞州的标识是梁赞最著名的大公奥列格·伊万诺维奇，他曾多次击退蒙古鞑靼军和其他俄罗斯敌对势力，是梁赞州历史上的重要人物。

萨拉托夫州标识上的三条小鱼代表该州丰富的渔业资源。小鱼的形象与萨拉托夫州的历史紧密相关，在古罗斯时期，小体鲟被视为鱼类之王，象征着古罗斯河流的纯洁、高尚与富足。

梁赞州 　　　　　　　　萨拉托夫州

萨马拉州的标识是一头伫立在蓝天下、青草丛中的白色野生山羊，它既体现了萨马拉市的历史和文化，又象征着该市的荣誉和地位。

萨哈林州的标识描绘了一根象征蔚蓝天空的蓝色柱子，柱内一艘古老的金色哥萨克船漂浮在银色的波浪上；柱子的两侧各有一座黑色的火山，火山口中冒出一条红色的火舌。

萨马拉州 　　　　　　　萨哈林州

斯维尔德洛夫斯克州的标识是一只白貂，白貂前爪拿着一支金色的箭。

坦波夫州的标识是一个银白色的蜂箱和三只蜜蜂。蜜蜂排列在蜂箱上，象征着勤劳、谨慎和集体主义精神；蜂箱代表着共同的家园，寓意着每个人都明确自己的位置和责任。

斯维尔德洛夫斯克州 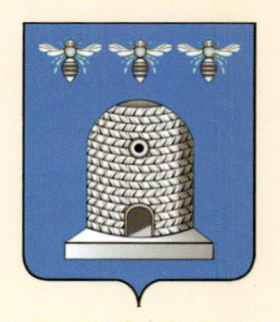　　坦波夫州

· 348 ·

附录　俄联邦地方纹章

斯摩棱斯克州的标识是一门大炮，大炮上有一只天堂鸟。大炮使人回忆起斯摩棱斯克丰富的军事历史，1393 年，俄罗斯的第一声礼炮在这座城市鸣响。

特维尔州的标识是一座立于金黄色的两级基座之上的沙皇宝座。宝座没有扶手，椅背很高，座位上铺着饰有金黄色佩件和流苏的绿色坐垫，在绿色坐垫之上，放着象征着权力和正统性的莫诺马赫王冠。

斯摩棱斯克州 　　　　　　　特维尔州

托木斯克州的标识是一匹奔驰姿态的白马，象征着托木斯克州的活力与前进的精神。

秋明州标识的上半部分描绘了三只天蓝色的冠冕，中间的蓝色背景代表天空，上升的太阳体现了土地繁荣的希望。下半部分的绿色背景代表大地，蓝色和黑色条纹代表自然资源——石油和天然气，该州的石油和天然气储量在俄罗斯排名第一。

托木斯克州 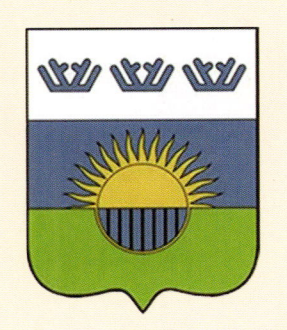　　　　　　　秋明州

图拉州的标识是两把尖端向下的利剑，呈斜十字状交叉，另一把剑横置于交叉点。利剑象征着图拉州的力量和决心，两把直立的金黄色锤子代表着图拉州的工业实力和劳动精神。

乌里扬诺夫斯克州的标识是一根白色的柱子，上面有一顶金色的皇冠。精心装饰的柱子象征着该地区居民的创造力、勤奋和精神传统，柱子的基座体现了稳定性的思想。

· 349 ·

图拉州 　　　　　　　　　乌里扬诺夫斯克州

车里雅宾斯克州的标识是一只白色双驼峰骆驼,驮着金黄色的行李,金黄色象征南乌拉山丰富的资源与矿藏。

犹太自治州的标识是一只带有黑色条纹的金黄色乌苏里虎,展示了乌苏里虎的威严和力量,也寓意着犹太自治州在历史和发展道路上的独特性和勇气。

雅罗斯拉夫尔州的标识是一只站立的黑熊,它面向右方,左肩上扛着银白色的斧头,左前掌握着斧柄,右前掌举起,这一形象在雅罗斯拉夫尔州的象征体系中占据核心地位。

车里雅宾斯克州 　　　　犹太自治州 　　　　雅罗斯拉夫尔州

民族自治区

涅涅茨民族自治区标识的上半部分象征着高贵、真实和纯洁;下半部分象征着希望、丰富和自由,连接过去与未来;中间的火代表能量,反映了该地区拥有丰富的石油和天然气。

楚科奇民族自治区的标识是一只站在地图上的北极熊。北极熊是这个区域的传统象征,反映了该地区潜在的力量和能力,黄色部分象征着领土,红色的北极星象征着团结。

附录　俄联邦地方纹章

涅涅茨民族自治区 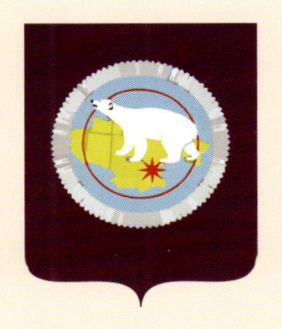　　　　　　楚科奇民族自治区

汉特-曼西斯克民族自治区的标识是在一块红色盾牌背景上叠加了蓝绿色拼接的金边盾牌。蓝绿色为该自治区旗帜的颜色，其上刻画的是拥有孔雀尾巴、长颈、四腿的双头鸟形象，这是传说中该地区存在的一种鸟类，长期以来一直是该地区的标志。

亚马尔-涅涅茨自治区的标识是拥立盾牌的两只北极熊，象征着自治区居住者有着北极熊的力量与威严。蓝色的盾牌上有一只行走的白色驯鹿，驯鹿的右上方有一颗北极星。驯鹿作为涅涅茨人的重要生活伙伴，是力量和独立的象征。

汉特-曼西斯克民族自治区 　　　亚马尔-涅涅茨自治区

主要城市

阿巴坎市 　　　　　阿纳德尔市 　　　　　伊万诺沃市

· 351 ·

俄联邦军事力量标识图鉴

汉特-曼西斯克市	巴尔瑙尔市	基洛夫市
切博克萨雷市	车里雅宾斯克市	赤塔市
切尔克斯克市	叶卡捷琳堡市	埃利斯塔市
哈巴罗夫斯克市	伊热夫斯克市	加里宁格勒市

· 352 ·

附录　俄联邦地方纹章

布良斯克市	 喀山市	 克麦罗沃市
 科斯特罗马市	克拉斯诺达尔市	 克拉斯诺亚尔斯克市
 马加丹市	 马哈奇卡拉市	 库尔干市
 摩尔曼斯克市	 新西伯利亚市	 库德姆卡尔市

· 353 ·

奥廖尔市	奥伦堡市	彼尔姆市
彼得罗巴甫洛夫斯克市	彼得罗扎沃茨克市	诺夫哥罗德市
顿河畔罗斯托夫市	萨列哈尔德市	萨兰斯克市
斯塔夫罗波尔市	坦波夫市	特维尔市

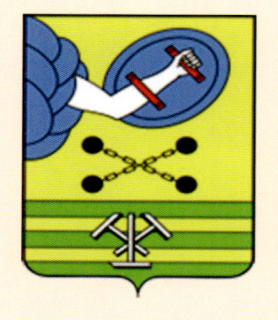

附录 俄联邦地方纹章

秋明市	 乌法市	 符拉迪沃斯托克市
 雅库茨克市	 雅罗斯拉夫尔市	 梁赞市
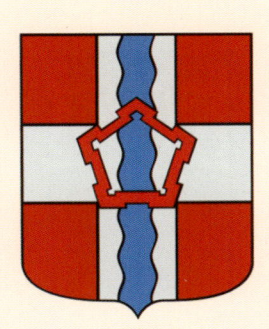 鄂木斯克市	 瑟克特夫卡尔市	 皮亚季戈尔斯克市
 迈科普市	 戈尔诺-阿尔泰斯克市	 乌兰乌德市

马加斯市	约什卡尔奥拉市	蒂拉斯波尔市
雅库茨克市	弗拉季高加索市	克孜勒市
格罗兹尼市	辛菲罗波尔市	南萨哈林斯克市
沃罗涅日市	沃洛格达市	伏尔加格勒市

反侵权盗版声明

电子工业出版社依法对本作品享有专有出版权。任何未经权利人书面许可,复制、销售或通过信息网络传播本作品的行为;歪曲、篡改、剽窃本作品的行为,均违反《中华人民共和国著作权法》,其行为人应承担相应的民事责任和行政责任,构成犯罪的,将被依法追究刑事责任。

为了维护市场秩序,保护权利人的合法权益,我社将依法查处和打击侵权盗版的单位和个人。欢迎社会各界人士积极举报侵权盗版行为,本社将奖励举报有功人员,并保证举报人的信息不被泄露。

举报电话:(010)88254396;(010)88258888
传　　真:(010)88254397
E-mail:　dbqq@phei.com.cn
通信地址:北京市万寿路173信箱
　　　　　电子工业出版社总编办公室
邮　　编:100036